料理と私

渡辺有子

晶文社

ブックデザイン　平野甲賀
本文イラストレーション　木村さくら

料理と私　もくじ

2 味とわたし

はじめに

料理家になって二〇年以上が経ちました。当時は料理家ってどんな仕事なの？とよく聞かれることがありました。自分がしている仕事をうまく説明できなかったこともあります。いまでは料理家という仕事が少しは認知されたでしょうか。

あやふやな職業ではあったけれど二〇数年ずっと、仕事が自分そのものであり、自分が仕事でもあるような、境界のないところにいます。自分にとって仕事ってなんだろう、そんなふうにスタートからを振り返り、辿ってみると、いまある仕事に、いまの自分に、いろいろなことが繋がっていることを改めて感じました。

ぬくぬくとしていた学生生活から、社会人になって、いきなり突きつけられた現実もありました。不安とハッタリのなかで右往左往していた時、軌道修正しようと思いたった時、自分の料理ってなんだろう？　と立ち止まった時、振り返るといろいろな時期を経て、いまがあります。それは、誰しも同じだろうと思います。料理家を生業として、自分の味をずっと探してきました。

二〇代、三〇代で出会った人、影響を受けた人、四〇代になって共に仕事をするようになった人。点と点がつながり、線になっていく感覚をいま、ようやく感じています。

「料理と私」の二〇数年。

好きなことを仕事にすることとは、私にとって仕事とは。

料理への考え、料理で伝えたい思い。

いまだからできること、これからやってみたいこと。

思いつくままそんなことを書きました。

へぇえ、そうだったのか。でも、

なにかできるかも。でも、
仕事って。自分って。

そんなふうに感じながら、読んでもらえたら、うれしいです。

1 修業時代

料理家になりたい

「どうして料理家になりたいと思ったのですか？」と以前はよく、そういう取材を受けました。なぜ？　と聞かれると自分自身もどうしてそういう思いだったのか、そのたびに過去の自分を辿るように、ひとつひとつ思い起こしていきました。料理家になりたいと思う以前に、会社に属すことが想像できなく、なにか手に職をつけたい、つけなくては、という思いがまず、あったと思います。それはなぜなのか、後でお話しします。

料理家になりたいと思ったのは、高校時代。雑誌の『Olive』（マガジンハウス）

で「Eating」という連載ページがありました。毎号、洒落た料理やお菓子がシンプルにスタイリングされたページを食い入るように見ては、こういう世界があるんだなぁと漠然と夢を抱くようになっていきました。毎月三日と一八日の『Olive』の発売日が楽しみで、必ず買ってこのページを切り抜いてスクラップしていました。

このページを通して「料理家」という仕事があるということと、料理研究家の堀井和子さんを知ったのです。堀井さんの本も、すべて買いました。その本はいま見ても素敵で、堀井さんの世界観がその当時から変わっていないことに驚きます。料理も、スタイリングも、写真も、イラストも、すべてを堀井さんがされていて、その世界に憧れました。

本に載っているお菓子やパンを試行錯誤しながらつくっては、私も自分なりにお皿を選び、スタイリングして写真を撮っていました。いまのようにスマートフォンなどない時代でしたから、父から一眼レフのカメラを借りて、カメラ屋さんに行ってプリントしてもらい、誰に見せるわけでもなく、ファイルをしていましたっけ。お菓子は見よう見まねで、堀井さんのレシピを試してみていましたが、ドライフルーツがいっぱい入ったフルーツケーキなど焼き菓子は、イギリスに長く住んでいた友だちのお母さんに習ったりもしました。

そして、堀井さんのつくり出す世界への憧れはだんだんと大きくなり、自分もこういう世界で仕事がしてみたいと思うようになっていきました。

料理家という仕事ともうひとつ、雑誌自体にも興味がありました。どのように雑誌のページは成り立っているのだろうと。それで、就職活動で唯一受けた出版社が柴田書店でした。料理専門の出版社だとはっきり意識していたかどうかは覚えていないのですが、料理のページがつくれるのかなと思って受けました。会社に属することがイメージできなかったはずなのに、編集者って格好よさそうだなぁなんていう軽い気持ちだったようにも思います。

まぁ、そんなですから、一次で落ちましたけれどね。試験は、筆記もあったと思うのですが記憶が定かではありません。覚えているのは小論文で、三つのワードが課題として出され、それを全部使って文章を書きなさい、という内容でした。

三つのワードは、フェミニストとタイ料理と、あともうひとつがなんだったか思い出せないのですが、「なんだ、これは?!」と衝撃でしたね。打ちのめされた感覚と自分だけがリクルートスーツではなかったことを覚えています。一九九一年、大学四年生の時のことです。

就職活動としては、柴田書店のほかに、お菓子メーカーを受けました。新しいお菓子を考えてみたかったのです。面接では、「まずは販売員として数年、商品開発は販売を経験したらいける人もいますね」と面接官に言われて、商品開発ができないならここはやめようとその時点で、就職は考えませんでした。

自分になにができるわけでもないのになんとも強気……。若気の至りですね。

しかしながら、まわりもあまりガツガツ就職活動している雰囲気はなく、大学内でスーツを着ている人もさほどいませんでした。のんびりとしていたものです。

当時すでにバブル経済ははじけていて、私はまったく恩恵は受けていません。

学校は中学校から私立の和光学園だったのですが校則も制服もなく、自由な校風で個性的な人が目立っていました。音楽に長けている人、演劇や運動と、自分の得意分野をそのまま伸ばしていける人がたくさんいました。

たとえば中学校の時は、のちにフリッパーズ・ギターとなる小沢健二さんが生徒会長だったり、小山田圭吾さんがいたり。高校生になってからも、音楽活動をはじめている人やモデルや演劇活動や……。そういう中にいると自分らしさが見いだせないとかえって苦しいというのも正直なところ。自由で、なんでもいいよと言われる中でやることが見つけられないと、そのことにあせり、自由ということがかえって辛く感じることもありました。

一方、家では父親から、手に職をつけなさいと言われ続けていました。お正月も遊んでいると、兄姉三人で二階の父の書斎に呼ばれて、今年の指針を話さなければならないのです。父からは、折にふれて、長く働き、歳を重ねるごとによい仕事ができるような職についてほしい、と言われていました。

学校での自由の中の苦しさと、父の言葉は、私には小さくもズッシリとしたプレッシャーとして、いつも自分のどこかに潜んでいました。

でも、それはいまになって振り返ってみると、そう思うだけなのかもしれません。当時は、学校生活が楽しくて、勉強などしていたかしら？　と思うほど遊んでばかりいましたから。

ただ、漠然とですが「自分にできることはなにか」ということについては、ずっと考え続けていたように思います。そして最終的に興味があると思ったのが料理だったというわけです。自分にできること、したいこと＝料理のこと。その思いに至ったのは、どこか、なにも個性を見いだせない自分のひとつの消去法だったのかもしれません。

いよいよ大学四年生の冬に入って、私がそのままなにもしなさそうだと思ったのか、父が渋々繋いでくれた知り合いの伝手《つて》で、料理家を紹介してもらいました。どういうふうにしてその道に入ったらいいのか、まったくわからなかったのですが、大学を卒業して四月から料理家のアシスタントに就きました。なぜ私は、その時いちばん気になっていた憧れの人へ手紙を書かなかったのだろうと、いまになって思います。

料理にたどり着くまで

私は東京の西荻窪で生まれました。コロッコロッとふっくらしていて、みるからに健康優良児。子どもの頃から食べ物の好き嫌いはありませんでした。家は、祖父母、父母、兄、姉と、私との七人家族。母は日々のごはんづくりだけでもたいへんです。祖母が台所に立つことも珍しくありませんでした。天ぷらは祖母がするなど、なんとなくの決まりごとがあって、なにしろ人数が多いので、たとえばコロッケをつくるだけでも大仕事でした。ジャガイモの皮むきから始まってホクホクと柔らかくなるまで蒸すことも、形をつくることも、衣をつけるパン粉の量もおおごとでした。シュウマイも春巻きもハンバーグも、ごはんをつくるってたいへんなんだなぁと子ども心に感じていました。
　昔のお母さんはどこも同じだと思うのですが、母はいくつかあるレパートリーを順番に回していて、「また、これなんだぁ……」というくらい同じものを繰り返し、いたってベーシックな料理をつくっていました。斬新な組み合わせもなければ、ちょっとしたアレンジもなし。よくもここまで同じ味をつくれるなぁと思うほど。でも、母の下ごしらえのこだわりや、丁寧さ、料理の味というのは確実に自分の中に根づいています。

　小さい頃から夜ごはんの買い物には必ずついていきました。兄と姉はあまり行かなかったのですが、私は友だちと遊んでいても、夕方は買い物に行く母を追いかけていきました。その頃は近くに大きなスーパーはなく、いまではなつかしい商店街が日々の買い物の場所。乾物屋のおじさん、おばさん、パン屋のおねえさん、肉屋や、魚屋のおじさんたち。お店の人たちに会うのが楽しくて、大人が話していることを聞いていました。乾物屋のおばさんは、これはこうして食べるといいよ、と東北の故郷の味を教えてくれて、母は見聞きしたものをつくってレパートリーを増やしていました。

母の料理で好きだったのは豆ごはん、栗おこわ、中華ちまき。なんだか、お米ばかりですが、豆や栗、銀杏が好きでごはんやおこわの中に入っているのがうれしかったのです。誕生日には栗おこわを必ず炊いてくれました。一一月なのでギリギリ栗の盛りの季節が終わってしまったらどうしようと、母は毎年やきもきしていました。

春になるとグリーンピースを莢から出す手伝いをよくしました。豆ごはんを好んだのは私だけだったのですが、毎年春になると豆ごはんをいく度となく炊いてもらっていました。『春には豆ごはんを炊く』（アスコム）という本を出したくらい幼い頃の味の思い出というものは記憶に刻まれるのかもしれませんね。

一緒に暮らしていた祖父と私は気が合う仲良しでした。明治生まれの祖父は、ふだんは着物。出かける時はスーツに帽子を必ずかぶり、そしてグラタンやジャムトースト、チョコレートなどちょっとハイカラなものが好きな人でした。洋風のものに興味を持って食べてくれたので、プリンやパウンドケーキなどお菓子をつくっては、祖父に試食係をしてもらっていました。祖父に喜んでもらいたかったのです。ふつうなら孫がつくったものならなんでも、おいしいと言って食べてくれると思うのですが、祖父は、そうはいきません。ここにレーズンが入っていたらもっとよかったねとか、必ずなにかしら注文がつきます。なにかしらのダメだしがあるのです。これは、うちの家系の特徴でもあるようで父も同じ。本ができるたびに父に送っているのですが、ただ喜んでくれるだけではなくて、必ず、あそこはこうしたほうがよかったと細かいダメだしの手紙がやってきます。

祖父のダメだしが悔しくて、次につくる時はこうしようと思ったり、新しいケーキに挑戦したりしていました。祖父にただ「おいしいね」とひと言、言ってもらいたい一心で。人に喜んでもらえたり、おいしいと言ってもらえるのは、そう簡単なことではないのですね。そんなことを試食係の祖父は教えてくれたのでしょうか。

時に祖父も台所に立つことがありました。新鮮なイカが手に入ると塩辛を仕込んだり、鮭のマリネをつくってくれたことを思い出します。着物にたすきで、荒巻鮭を捌《さば》いていました。いまにして思えば、東京で育った祖父がそんなことをどこで覚えたのか、ふだんはまったく料理をしないのに、不思議です。そんな祖父の姿を見るのも好きだったのですけれどね。鮭のマリネは少し変わっていて、しっかり塩の効いた荒巻鮭でしかつくれません。鮭に火は通さず、柚子の香りを効かせた甘酢に、小さめに切った鮭を漬け込むというもの。火を通さなくて大丈夫なの？　と思うところもありますが、母も私もつくり続けている味です。

子どもの頃の料理といって思い出すのは、そんな祖父とのエピソードくらい。毎日の食事づくりの手伝いはしてほしいけれど、子どもが好きに料理をして、それに手を貸すという家ではありませんでした。毎日、夕食をつくる母の傍《そば》でなにか手伝うことはないかと台所の隅にはいましたが、台所を自由に使えるのはお菓子をつくる時くらいでした。

母の手伝いをしていると熱々茹でたてのトウモロコシや枝豆、出汁巻き卵や太巻きの端っこ、お吸いものにふわふわと浮いた小さなはんぺん……。手伝った人の特権！　とばかりにできたてをパクッと口に頬張るこの瞬間がたまりませんでした。つまみ喰いや、できたてのおいしさは格別で、食いしん坊気質はこの頃からだったのでしょう。

大所帯で母は日々の食事のことで精一杯、そんな感じですから、学生時代はレシピ本をみながら、台所が空いている時にお菓子をつくってスタイリングをしてみる、そんなことを繰り返していました。

放課後の寄り道

中学生になると、少しずつ行動範囲が広がっていきました。学校帰りに寄っていたのは代官山。クリスマスのオーナメントなどを売っているクリスマス カンパニーや、おしゃれな駄菓子屋さんのハラッパＡを覗き、ハリラン（ハリウッドランチ マーケット）やハイスタンダードへ行って洋服や小物を見て、散策していました。代官山に家があったらなんていいのだろう、と叶うはずのないそんなことを思いながら、帰り道ではないエリアで遊んでいました。

校則はなくても、さすがに帰り道の買い食いは禁止だったはず。けれど、していたのですかね、こっそり……。高校生や大学生になっても代官山、恵比寿には行くことが多く、その頃、715（セブンクォーター）というとてもおしゃれなパン屋さんがありました。いまでもあったら格好いいなぁと思うほど、洒落たお店です。そこのソーダブレッドが好きでした。甘みの少ない素朴な生地がこぶしほどのサイズにふくらんで、生地の中にほんの少し甘酸っぱさがあって、それがレーズンではなく小粒の干しぶどう、カレンツというものだと、このソーダブレッドで知りましたっけ。

大学生になると今度は下北沢に通うようになりました。代官山から下北沢に通うようになったのは、古着屋さんがたくさんあったから。

中学、高校生は当時、流行りだったDCブランドのものばかり着ていましたが、大学生になると古着にはまり始めます。リーバイスの501を何本、持っていたでしょうか。赤耳といわれるものを探したりしていました。Championのプルオーバーに VANSやコンバースをはいて、完全にアメリカ系。と思えば、501に agnès b.（アニエスベー）のボーダーTシャツにプレッションを着て、エルベシャプリエのナイロンリュックという、絵に描いたようなオリーブ少女のフレンチスタイル。校内も同じような格好であふれていました。

下北沢は学生の街という雰囲気で、気軽に行ける飲食店もたくさんありました。小沢健二くん（オザケン）が行きつけの喫茶店にも行きました。小沢くんがよく頼むものを自分でもオーダーして、はしゃいでいましたっけ。まだ渋谷系という言葉は生まれていませんでしたが、彼はもうミュージシャンとしてデビューしていました。小沢くんと小山田圭吾くんが組むなんて、学生時代、考えてもみませんでした。

学生時代は、家ではアルバイトは禁止ということになっていました。なので、なおのことやってみたかったのだと思います。下北沢の茄子おやじというカレー屋さんではじめてアルバイトも体験しました。茄子おやじはいまも健在で、いわゆる欧風カレーというものを出しています。茄子おやじでのアルバイトは、「女子は配膳、男子が仕込み」が決まりでしたが、それではつまらないと、店主に願い出て仕込みのほうにも入らせてもらいました。かなり大きな寸胴鍋ふたつを同時に大きな杓文字《しゃもじ》で焦がさないようにかき混ぜながら火にかけます。ゆで卵も一度に三、四〇個、茹でていたでしょうか。デザートのヨーグルトとジャムを盛りつけたり、簡単なことでしたが厨房の内にいられる楽しさがありました。

家で母がつくるカレーは、ジャガイモ、ニンジン、鶏肉、玉ネギ……同じものを買いそろえて、ぴたっと同じようにつくります。バイト先では、ルーは同じですが、きのこ、ビーフ、ナスと、いろいろ具材が変わります。まかないはもちろん、カレー。きのこのカレーがなんとも言えず、おいしかったものです。

アルバイトといって思い出すのは、同じく下北沢の雑貨店、Puri chori（プーリーチョーリー）です。顔見知りになった店長に誘われて働くことに。のちに、知る人ぞ知ると言われるようにもなる店で、スタイリストさんがよく商品の借用にきていました。

店長は個性的な女性で、店はその人のセレクトです。イギリスのアンティーク品の横に新しいグラスが並び、バッグや洋服など、ありとあらゆる物が置いてありました。

店頭のディスプレイは、その日のアルバイトが担当することになっていて、ここは自分で責任を持たなければなりません。自分でもアンティーク、古い物がいいなと思いはじめていた頃で、自分らしいディスプレイをしたい、ちょっと変わった物を置きたいと思って挑戦していました。

吉祥寺の雑貨屋ＣＩＮＱ（サンク）の保里享子《ほりきょうこ》さんはPuri choriで一緒でした。下北沢にあったCICOUTÉ CAFE（チクテカフェ）のオーナーだった牧内珠美さんもこの頃、下北で出会った人です。それぞれがいろいろなところで活躍していて、当時、一緒にいた人たちとは、いまでもつながっています。

なぜアルバイトをしてはいけないと家で言われていたのかよくわかりませんが、この経験から、家の常識というものが、外とは違うんだということを学んだ気がします。自己判断ができるようになりました。

異国の料理

大学三年生の春休みに、友人五人でネパールへ旅行しました。大学二年の時に、新潟からフェリーに乗って、バックパックで一か月かけて北海道を回ったこともあったので、長く旅行がしたいね、そんなノリで選んだネパール行き。

行く前には、予防接種を受けたり、私の知り合いのネパールの本を翻訳している人にネパール料理を習ったり、準備は万端。約一か月の旅でした。あとあと考えると、この体験はとても大きかった気がします。

シェルパ付きで三泊四日のトレッキングもして、コックさんと山で鶏を捌いたり、料理をしたり、仲良くなったガイドさんの家で奥さんに料理を習ったりしました。

毎日同じようなものを食べていましたが、なにを食べても、これがおいしい！　家庭では、ミールスと呼ばれる料理が出てきます。ダルと呼ばれるスープやカリフラワーのタルカリ、大根のアチャールなど、野菜とスパイスと、さらに豆がベースになっていました。香菜を使うのも忘れられません。揚げものもたくさんあったので、おなかもこわしました。高山病にもなってしまいました。それでも、とても新鮮な体験でした。

学生時代の友人から「昔から料理が好きだったね」と言われますが、これは、ネパールでの経験が生かされているのではないかと思います。学生時代は、けっこう頻繁にキャンプに行っていたのですが、そこでも料理をつくっていました。

ふつうはバーベキューをするくらいがせいぜいだと思うのですが、私は生地をこねて、発酵させて、アップルパイやピザを焼いていました。ケーキもつくりました。ネパールの山の上で鍋で上手に焼いたケーキを食べさせてもらって、だったらキャンプ場でもできるだろうと。友人からは、「もっとふつうのものを食べさせてくれる？　ただのシチューとか、ハンバーグとか、そういうものでいいから」と言われたこともありました。

大学時代に体験した外国といえば、もうひとつはドイツ。約一か月、ドイツ在住の日本人の家に滞在させてもらいました。壁が壊れた直後のベルリンです。そこでも、スーパーに行って買い物をして、自分でつくれる食事をつくって、その家族にふるまっていました。

ドイツでつくったのは、グラタンです。ベースは母のもの。

母がいつもつくってくれたのは、ホタテグラタンでした。ダマにならないように、母はいつも必死でベシャメルソースをつくります。「いまは手が離せないの」、話しかけると、そう叱られました。

ホタテは缶詰めのものを使います。水煮の汁を使うのがポイントで、汁に旨味があるのです。その頃、家にはまだオーブンはありませんでしたから、うちでは七人分のグラタンをオーブントースターで順番につくっていきます。「ふたり分できたよ」と声がかかります。

ホタテのグラタンは、ときどきジャガイモとベーコンに替わります。ドイツでは、ジャガイモやハム類がおいしいので、ジャガイモのグラタンを、あこがれのオーブンを使ってつくりました。ハムを買いに行く時には、スーパーの肉売り場は対面販売なので、「何グラムほしい」というドイツ語を覚えて試しました。ドキドキした楽しい思い出です。ドイツのジャガイモやハム類は本当においしかったです。

いたって、のんびりとした学生生活ではあったのですが、いよいよ、一九九二年、アシスタントとして、働き始めることになります。

料理家のアシスタントになる

四月に働き始めると、ほぼ休みはなく、毎日終電で帰るようになります。料理研究家はその頃（いまも？）先生と呼ばれましたが、アシスタントについた先生のところでは、毎日、雑誌やコマーシャルの撮影がありました。一日のサイクルはだいたい決まっていて午前中は先生と築地の市場かスーパーマーケットの紀ノ国屋か明治屋で待ち合わせをして買い出し、スタジオに戻ってお昼ごはんを食べ、午後一から撮影が始まります。

夜はだいたい八時から一〇時くらいまで撮影が続き、片づけをして終わり。主な仕事は、先生のキッチンスタジオの掃除と、野菜の下ごしらえや洗い物など先生に指示されたこと。いま、雑誌の仕事での撮影は夕方には終わりますが、その当時は、自然光ではなくライティングが主流だったこともあり、夜まで延々と撮影が続きました。

一カットに一時間くらいかけるといってもいいような感じでどんどん時間はおしていくのです。テスト撮影から始まって料理が乾いたら、もう一回つくり直すというようなこともしていました。ポラロイドで仕上がりの確認もする。ストロボを使って、すべてにピントがくるというような、つくり込んだ写真です。先生はコマーシャルの仕事もしていましたが、雑誌でいうと『家庭画報』『婦人画報』など、重厚なページをつくっていました。

私は大学が家政科ではないので、専門的なことはなにもわかりません。料理に関しても覚えることがいっぱいで、下ごしらえの仕方も含めてすべてが新しいことだらけ。右も左もわからずに、日々ひたすら、言われたことをするだけで精一杯。

コマーシャルの撮影ではどんどん撮影が終わった料理を処分していくことに、

やや抵抗を感じました。料理が乾いたら次のものに替え、お刺身にコールドスプレーをかけてきれいに見せる。「食べ物に薬品をかけるの?」と驚きました。用意する食材の量も半端ではなくて、どうやって食べきるのだろう……と思うくらい。もちろん食べないので、どんどん「はい、これアウトして」と言われて、ポリバケツがいっぱいになっていく。

そして、だんだん自分もそれに慣れてしまう。パッとふつうに捨てられるようになって「あれ?」、私なんかおかしくなっている、と。自分が料理家になりたいと思い描いていた世界と違うと思ったのは、そういうところでした。「あれ?」と違和感を持ちながら、毎日撮影に立ち会っていましたが、「あれ?」と思っていたのは私だけではなかったのです。先生は先生で、なんでこんなにできない子が来たのかしら、と思っていたのですね。

一九九三年のお正月、一月七日、仕事始めの日に先生から「辞めてほしい」と言われたのです。なんと、クビです。自分のできなさ加減は棚にあげておくと、クビになるなんて思ってもいなかったことで、それはとてもショックでした。

仕事始めのこの日は撮影があったわけではなく、ご挨拶の日でした。「あけましておめでとうございます、今年もよろしくお願いします」と挨拶した時に「今年もよろしくね」と言ってもらえなかったことに「あれ？」と思いつつ、お昼に先生とアシスタントの先輩と、フランス料理を食べに出かけました。

コースで料理がたくさん出て、おなかがいっぱいになった私はデザートを断りました。レストランからスタジオに戻り、先輩は帰らされ私だけが居残り……。先生から「辞めてほしい」と言われた時は、おなかもいっぱいで頭も働かず、なにがなんだかわからないまま、呆然としてしまいました。

いろいろと理由はあったのだと思いますが、お昼に行ったフレンチレストランでのことを引き合いに出されました。いくらおなかがいっぱいでもデザートを断った私には「あれも食べたい、これも味を知りたい」という探究心がないと言われ、「あなたは料理家には向いていない」と断言されたのです。

おなかがいっぱいで、おいしくいただけないと思って断ったわけですが、あれも食べてみたい、これも食べてみたい、と思わないのは、「料理家に向いてない」

と……。ほかにもいろいろと指摘されましたが、この一言はかなり強烈な一撃でした。

一か月後に辞めてくださいと言われましたが、辞めなくてはいけないところに通うほどの根性が私にはなかったのですね、その場でスタジオに置いてあったエプロンや荷物を持って帰ってきてしまいました。

スタジオの最寄駅の改札口で、私は立ち尽くしてしまいました。当時は実家で暮らしていたので、家に帰って親になんと説明すればいいのだろう、これからどうしたらいいのだろう、とモンモンとしながら、立ち尽くしました。自分では覚えていないですが、ずっとあとになって、親友に「駅から電話をかけてきたよね」と言われました。

夕方近くからずっといたので改札の駅員さんがやってきて「大丈夫ですか？終電になりますけど」と声をかけてくれました。それで、ようやく帰ることができましたが、家では次の日から出勤しないわけですから、どうかしたのか？ということになります。そこでようやく、実は……と話しました。

二度目のアシスタント

仕事を辞めてみると（仕事がなくなると）、なにもすることがありません。社会人として働き出してから八か月間、ほとんど休みがなかったこともあり、学生気分で久しぶりに平日に出かけてみようと、よく通っていたアンティーク屋さんへ行きました。

そこは女性オーナーがイギリスのものを集めた小さなかわいいお店。所狭しと、一点もののカップや布もの、人形などが飾られています。イギリスへの長期買い付けもあり、気ままなオーナーだったからか、定休日もあるようなないような。今日はやっているだろうと思って行ってもドアが開かなかったことも、しばしば。

そんなお店になんとなく立ち寄ってみようかな？　と、思ったことが大きく人生を変えることになります。

久しぶりに会うオーナーは変わらずに出迎えてくれて、ほかにお客さんもいなかったのでゆっくり話をすることができました。商品をしばらくながめていると「そういえば、あなた社会人になったのよね？」と彼女は言いました。そのことにいちばん、触れてほしくなかった私は「はい」とだけ言おうか迷いましたが、正直に「じつはクビになって……」と小さな声で伝えました。すると、「料理研究家の友人がアシスタントを探しているって言ってたわ。いま本屋さんにいって彼女の本をみてくるといいわよ」

と勧めてくれたのです。私は吉祥寺パルコの地下のパルコブックセンターへ走りました。

本を開くと、私が入りたいと思っていた世界はこれだったと、とっさに思いました。走って店に戻り、「やりたいです！」と伝えると、彼女はすぐその場で電話をしてくれたのです。

と、なにがなにやらわからないままことが運び……。「はじめまして」と電話口で挨拶をして、すぐに会ってもらう約束を取りつけたのでした。気が重かったはずの私の足取りは、そのお店から家路につく時にはスキップしたい気持ちに変わっていました。そして翌週からまた、料理家のアシスタントとしての道を歩むことになります。

こうして、流れから外れてしまったはずが、そのまま流れにまかせていたらまた本流に戻された、というようなことになったのです。自力で戻ったのではない、という印象です。撮影のある日だけ、お手伝いに行くというかたちでしたが、二月にはもう働き始めていました。

のんきなのか、楽天的なのか、前の先生から「料理家に向いてない」と言われたことについてはすっかり頭から消えていました。

アシスタントについた先生は、お菓子やエスニックが得意で、撮影も自然光でというスタイルでした。撮影は、『LEE』『レタスクラブ』などの女性誌や料理を中心とする生活情報誌でした。そのほかにも『ER·i O（エリオ）』『ELLE Donichef（エル・ドニチェフ）』など、料理専門雑誌の撮影がたくさんあり、料理雑誌も全盛の頃だったのかもしれません。

撮影では「私が思い描いていたのはこれだ」と思える世界が繰り広げられていました。媒体も自分が読んで楽しめるような内容でしたし、先生がつくる書籍には料理のアイデアがそこかしこにちりばめられていて、写真家やスタイリストのプロの仕事を垣間見られ、キッチンで背を向けて下ごしらえや洗いものをしながらも、後ろに目がほしいと思うくらい、撮影現場を見ていたい気持ちでいっぱいでした。

そんな感じで自然と仕事に馴染んでいきました。

撮影では撮り終わった料理は（お皿はスタイリストさんが借りてきたものなので）、先生のアトリエのお皿に移し変える作業があります。その時に、自分だったらどんな器にどう盛りつけるかな、と自分なりに考えていました。そうすると「この盛りつけ、かわいい」と採用してもらえることがあり、もう一カット撮影してくれたりしたことを覚えています。自分が盛りつけたものが採用されるとうれしくて、仕事を見ながら、頭の中で盛りつけのシミュレーションをするようになりました。

アシスタントの頃、撮影でよくご一緒したのがスタイリストのＣＨＩＺＵさん。私にとってもうひとりの師匠という感じで、ＣＨＩＺＵさんからはいろいろなことを教えてもらいました。とてもチャーミングな方で、おしゃれな服装にもあこがれました。スタイリングそのものが、ＣＨＩＺＵさんだとわかる個性があって話術にもたけて、いつも撮影の現場の雰囲気をつくってくれるような方、仕事における大先輩で、私はとても影響を受けていると思います。

年齢に関係なく誰とでも親しく話もしますが、ひとたび撮影となるとピタッと空気が変わります。ピッと一線を引く感じが見てとれるのです。撮影中に、もちろん雑談はしますが、その中に緊張感がある。アシスタントに対する指示もきちんとしていますし、きっちりと厳しいことも言います。

ＣＨＩＺＵさんは以前、ご自身のキッチンスタジオを持っていました。そこを借りることも多かったのですが、掃除の仕方もＣＨＩＺＵさんに倣いました。徹底的で、毎日、シンクの排水口まで洗い、水滴ひとつなく拭きあげるのです。私もスタジオのキッチンは常に排水口も洗って拭き上げて帰るようにしています。

アシスタントになってしばらくして撮影の現場にも慣れてくると、もうすこし見えることが増えてきます。そして、スタッフが次になにをほしがっているのか、次にどういうことをしようとしているのか、ひとつ先のことを見ながら仕事をするように、と心がけるようになりました。

「さすが！」「よく気がつくね」と言われるとうれしくて、そういうことにやりがいを感じはじめていました。そして、丁寧に仕事をしていれば、必ずまわりの人、誰かは見ていてくれるものだと感じました。

前の先生の時には一日中、後ろを向いて、一言も喋らずに言われたことだけをやるという感じでした。クビになった時には、自分を否定されたように感じるだけで、なにがダメだったのか、自分を振り返ってみることには、至りませんでしたが、言われたことをやっているだけではダメだと、やっとこの頃、気づくようになりました。

4 Bの時代

アシスタントとして先生のアトリエに通っていたのは週に二、三日、撮影の時だけでした。いま、思えば毎日アトリエに出入りして、なにかしら積み重ねていけることをしていればよかったなと思うのですが、先生に今月は、この日とこの日に来てねと言われ、ほかの日はなにをしていてもよかったのです。生活費を家に入れていたかどうか、都合の悪いことは忘れてしまいましたが、いくら実家暮らしでもアシスタントだけでは生活していけない状況でした。

フラフラとしているわけにもいかず、かといってシフト制のアルバイトに就くわけにもいかず……。アシスタント業を優先でき、融通がきき、空いた時間にできることはないだろうか？　と都合のいいことを考えていました。

いつしか、兄が働いていた編集プロダクション「４Ｂ」で雑用係として働くことになります。ボスはエッセイスト、編集者の三宅菊子さん。私は三宅さんがどんな人かも知らず、空いた時間でアルバイトができるという気楽な気分でいました。

三宅さんはエッセイストとしての著書も多く、ライター・編集者としても雑誌『ａｎ・ａｎ』の創刊から筆をとり、当時の『ELLE JAPON』や『クロワッサン』などでも活躍していました。それまでの女性誌とは一線を画す言い切る文体は「アンアン調」とも言われたそうで、それはまさに三宅さんがつくりあげたものでした。雑誌が全盛だった頃の女性誌編集者はこういう感じだったのか、ととても凄みがありました。右も左もわからなかった私は「とにかく怖い」のひと言でした。くわえ煙草で原稿用紙に鉛筆で筆圧強めに書いている姿はいまだにくっきりと記憶に刻まれています。

三宅さんは『家庭画報』から『Olive』までなんでも知っているし、スタイリストや編集者たちも顔見知りでした。私が料理家になりたいと言うと、「ここをパッといなくなる人は有名になるのよね」と皮肉まじりに（？）言って、料理家のアシスタントを優先していいと言ってくれました。

「４Ｂ」は神楽坂と飯田橋の間の揚場町にありました。三宅さんのご自宅兼事務所だったので朝あまり早く行くと気まずい空気になります。

最初は、校正紙を届けたり、資料を取りに行ったり、手袋をはめてポジを切り出したり、コピーをとったりと、雑用ばかり。することがないと居場所がなく、用事を言われると安心するような所在ない感じでした。それがいつしかアポ取り、取材、撮影、レイアウトまわし、原稿書き、校正と編集仕事をするようになっていました。

どんな経緯で編集の仕事をするようになったのかは忘れましたが素人の私がなぜここまで？　という思いと、雑用係なんですけど？　という複雑な気持ちでした。「４Ｂ」は、数人の編集者とフリーランスだけれど専属に近い人がデスクを持って集まっているところでした。その頃、もちろんワープロはありましたが、三宅さんがかたくなに手書き原稿を貫いていたので、私も原稿は、原稿用紙に手書きで書いていました。

当時、雑誌『FIGARO japon』に「オンナの視点」というモノクロページがあって、それを三宅さんが受け持っていました。毎回、総編集長の蝦名芳弘《えびなよしひろ》さんから、テーマだけ書かれたものがファックスで送られてきます。それを今度は、三宅さんから編集部員にふられます。私にもなぜかテーマがやってきて、取材や物の借り出し、撮影のサポート、原稿書きなどをすることになり……。原稿を書かなければならないという段階になると毎回、このまま盲腸とかになって入院すれば書かなくて済むのになぁとか、レイアウトで写真を大きくしてくれたら、原稿の分量が少なくなるのになとか、どうにかして原稿を書くということから、逃れることばかり考えていました。

たとえば「東京の蕎麦屋」というテーマがきて、お蕎麦屋さんの取材をしなければならないのですが、アポ取りも電話で何軒にも同じ内容を伝えなくてはなりません。そんなこともまわりの編集部員に聞かれていると思うだけで恥ずかしくて、家に帰ってしていました。取材に出ても、なにを聞いたらいいのか、当を得ない取材をしていたように思います。

ライターとしての勉強をしたわけでもないので、何軒もの蕎麦屋の原稿を書くとなると、蕎麦のおいしさや特徴を表すのに、ツルツル、のど越しがよいなどという言葉以外に思い浮かばなくなってきます。どんな表現があるのだろうと友人に電話して聞いてみるなんていう手段にも出ていました。しかもキャプションもあるんですよ、当たり前ですが。本文と内容がかぶってはいけないのです……。そしてリードというものもあって、キャッチーな言葉を入れつつ、俳句のように字余りにならないようにうまく短く、まとめなくてはいけないんですね。もう、頭をかかえてばかりでした。

「東京の蕎麦屋」の特集かと思えば、今度は「大人のロマンチック」というお題をふられます。ただ「大人のロマンチック」としか書いていないファックスが送られてくる。そうすると「ロマンチック探してきて」となる……。ロマンチックってなんだろう、なんだろう、と思いながら。いまのように検索すればなにかしら手がかりが得られるわけでもありませんでしたから、探すわけです。その時は、ガーリーなものを選び、たとえばレースの付け襟やパールのネックレスを借りたりして、撮影をしました。どう原稿をまとめたかは、すっかり忘れました。ふだんからとても厳しい三宅さんでしたが、否定はせずに取り入れてくれたように思います。

原稿を書くということは三宅さんに文章を見てもらうわけですが、これが心臓が飛び出してしまいそうに怖かった。「私はこういう文章が嫌いなのよ！」と、はっきり言われましたね。雰囲気文章というのでしょうか、とくに言い切らない文章を嫌がります。誰が言ったかわからないような、濁すような終わり方はしない！　責任を持ちなさいと、何度も何度も言われました。

三宅さんにはご自分の仕事部屋があって、その部屋は開けちゃいけないのですが、そこに籠って原稿を書いているから、原稿を見てもらわなければいけない、どうしたらいいのだろうと、ドアの前でずっと考える。ノックをしていいものか、いけないものか。変なタイミングでノックをして、ぶち切れられたらたまったものじゃない……。出てくるまで待ったほうがいいのかな、と。原稿の内容もさることながら、こういうことが怖くてたまりませんでした。

原稿を書くたびに指摘されて赤を入れられましたが、ひと言だけ、「文章が下手ではない」と言ってくれたのです。上手いとはもちろん言いません、下手ではないから書きなさいと言われました。それはずいぶんと自信になりました。

ふだんの会話の中での言葉づかいも注意されました。「私はこれでいいです」と言うと「これがいい、でしょ！」。「で、いい」とはどういうことだというわけです。当たり前ですが言葉にとても厳しい人でした。言葉を扱う人だからということだけではなく、自分の意思をはっきり相手に伝えることや自分の意見をしっかり持って判断することの重要性を教えてもらったように思います。

機嫌が悪いだけで怒られるのですから、理不尽だなって思うことは山ほどありました。でもその分、とても人間味のある人でした。

そして、料理家になるならこういうものを食べておきなさい、ここの店に行くといい、この本を読んでおきなさい、などたくさんのことを教えてもらいました。三宅さんは、映画評論家の淀川長治さんや作家の白洲正子さんと親交があって、白洲さんに持っていくもののおつかいをたびたび、頼まれました。人になにか差し上げる時に、どこでなにを買ったらいいかを教わりました。いまでも、そういえばあの店は三宅さんが教えてくれたのだな、と思うことがあります。

その中で覚えているのが、九段にあるゴンドラのパウンドケーキです。丸い白い缶の中にしっとりとしたパウンドケーキが入っているのですが、その中の栞《しおり》に、三宅さんが文章を寄せています。もちろんご自分では書いていているなんて言わなかったのですが、後からそれを知り、なつかしくなりました。

ゴンドラさんのお菓子は幼い頃からの深いおなじみ。ということは、私の母がこのお菓子をいかに愛したか、でもあるのだ。靖国神社をへだててすぐ近くに住んでいた私たち母子は、嬉しいことがあっても、ちょっと悲しくても、何の理由もないときでも、よくゴンドラさんにお菓子を買いに行った。

そしていつもこの味で最上の機嫌になってしまうのだった。——その頃からかれこれ三十年、私たちはずっと、ゴンドラさんのお菓子を愛し続けてきた。

とくにパウンドケーキに惚れている。洋菓子のいちばん基本で、だからこそいちばん難しいのではないかと思われるこのお菓子では、ゴンドラさんの作る味にかなうものをまだ食べたことがない。

（三宅菊子、ゴンドラの栞より）

いまでもゴンドラの前を通ると三宅さんを思い出します。昔から続いている素朴なおいしさは、私も目上の方への手土産の定番にしています。

そして、小川町にある笹巻けぬきすし。これも初めて食べた時は酢飯の酸っぱさに驚きましたが、笹に巻かれ形はとてもきれいで江戸の粋《いき》を感じます。撮影の時の差し入れに、と三宅さんの定番でした。それから淀川さんが帝国ホテルに滞在されていたからだと思うのですが、帝国ホテルのホテルショップ、ガルガンチュワのものをよく三宅さんがご自身で買ってきていました。

「ガルガンチュワってなんですか?」変な名前だなと思って聞いたら、「あなた、そんなことも知らないの?」って、また困ったような顔で失笑されました。ガルガンチュワは、フランスの小説家、フランソワ・ラブレーの小説に出てくる美食家で大喰いの王様だというのは、いまならわかるのですが。当時は三宅さんからは聞いたこともない、見たこともないことばかりを教えてもらいました。

三宅さんが「貧乏人のスープ」と言って食べさせてくれたスープがあります。キャベツや玉ネギやなんでも、残り野菜を全部お鍋に入れて、鍋ごとオーブンに長い時間入れ調理したもの。「人に出すようなものじゃない」と言いながらも供してくれました。見た目は素っ気ないのですが、野菜の甘みが染み出てすごくおいしかった。料理をしているところなど、まったく見たことがなかったのですが、三宅さんは料理の本を出すほどの腕前でした。そうそう、浅草の並木藪蕎麦で、升酒を飲ませてもらったことも。東京の大人は格好いいなと思いましたね。

読むといいわよ、と勧められたのは水上勉さんの『精進百撰』(岩波書店)という本。きぬかつぎや大根の田楽など、男の人がパッとつくったというようなものが紹介されています。三宅さんが「こういうふつうの料理をさらりとつくれるっていいわよね」と言った言葉が印象的で『精進百撰』は、いまでもページを開きます。

三宅さんは、自分の好き嫌いははっきりと言いますが、押し付けてはきません。自分はこう思うけど、あなたがどう受け止めるかはあなた次第、というスタンスの人でした。もうちょっと私が大人だったら、もう少しいろいろな話ができたのだろうなと、もっと聞いてみたかったことがあるなぁと。それがもう叶わないことは残念です。

その後、三宅さんのようなタイプ、年代の人と交わることがほとんどなかったのですが、数年前、池波正太郎さんの書生だったという作家の佐藤隆介さんにお会いして、久しぶりに年上の方に叱られました。三宅さんみたいだなあと、どこかなつかしく感じました。佐藤さんはご自身で料理もされるのですが、いまは文筆を主にしておられます。

はじめは雑誌の「小鍋立て」という鍋の特集でご一緒しました。監修として佐藤さんが入り、私が鍋料理をつくるという企画でした。絵に描いたような昭和の頑固爺みたいな方でしたがなぜか気に入られ、その後、季節ごとに鍋会をすることになりました。ファックスで、お題と使う材料が書いてあるものが送られてきて、編集者が材料を調達して当日、うちに集まって、私が料理をします。佐藤さんはなにもしない。抱えてきた一升瓶の日本酒を飲んでいるだけ……。出汁の味をみてもらい、「うん、いいぞ」などと言われながらホタテ貝やら、松茸やら季節の極上の素材を下ごしらえして、鍋を囲みます。

佐藤さんからは、鍋料理はこういうもの、ということを気がつかせてもらいました。それまでは具材をなんでも入れるような、寄せ鍋が当たり前と思っていたのですから。二つか三つの材料で、どうつくるのかを考えるのがシンプルで、面白い。毎晩食べても一向に飽きないという常夜鍋という言葉の意味がやっとわかりました。

佐藤さんは集まりやなにかあると、その日のうちに礼状を書くのを習慣にされているようで、翌々日に礼状が届くのです。目上の方から先にそんなものが届くのですから、焦ります。それに対して、また即日に返事を返さなければいけない。次からは私も当日の晩にお礼状を書くようにしなくてはいけない。そんなことは当たり前の礼儀だろうと怒られますから。

そして出した葉書に自分の住所を書かずに送ったら、また葉書がやってきて怒られました。「人に住所を探す手間をとらせるな」と。たしかに、そうだ、と納得してそれ以降は手紙や葉書にも、ちゃんと自分の住所を書くようになりました。メールも同じようにしています。父親や三宅さん以外に久しぶりにこういう昔かたぎの方にお目にかかりました。人生の先輩には教えてもらうことがたくさんありますね。

アシスタントのプロになってはいけない

料理家のアシスタントと4Bとの掛け持ちで、あっという間に時間は過ぎていきました。先生のところで撮影に立ち会っていたある時、洗い物をしながら、ここで学ぶことはすべて学んだなと思った瞬間がありました。料理家になりたくてアシスタントに入ったけれど、このままでは、アシスタントを極めて、アシスタントのプロになってしまう……。先生のところは居心地がよすぎてそのままずっといてしまいそうでした。いけない、いけない、私は料理家になりたくてアシスタントになったのだと、天啓のように、その思いが下りてきました。

同じくらいの時期に、先生には頼めないのだけど、こういう仕事を頼んでいいかしら？　と、編集者が先生を通して声をかけてくれるようになっていました。実家を出て、一人暮らしを始めた頃でもありました。

そろそろ自分で始めなくちゃと心は決まっていても、先生に独立を言い出すのに、半年かかりました。毎日洗い物をしながら、喉まで出かかるけど、今日も言えなかったという調子で。同時に独立に対する不安も、ものすごくありました。はたして仕事があるだろうか、ひとりでやれるだろうかと。

結局、独立という二文字が浮かんでから、実現するまで一年近くかかりました。二七歳になる手前、一九九七年のことです。

最初の仕事

はじめて受けた仕事は、『SNOOPYのピザ&パスタBOOK』『SNOOPYのワッフル&パンケーキBOOK』の二冊でした。

先生に独立したいと伝えた少し後のタイミングで同世代の料理ライターから、料理とスタイリングの仕事をしませんか？　と、声がかかり先生にも承諾を得て、やってみることにしました。

谷川俊太郎さんが訳しているスヌーピーのコミックのシーンから、料理やお菓子を連想させる部分をピックアップして、パスタやパンケーキに落とし込むというものでした。

企画はすでに通っていて一冊はワッフル・パンケーキ、もう一冊はパスタ・ピザ。手のひらサイズの角川カラーｍｉｎｉ文庫のシリーズでした。

ところが、スヌーピーのコミックの中に料理自体はさほど出てきません。ライターさんと一緒に全巻片っ端から読んで、スヌーピーをイメージできるパスタやパンケーキを考えていく作業からはじめます。ある程度の数を出さなくてはいけなかったので、半ば、こじつけのようなところもありました。

たとえば、スヌーピーが蝶ネクタイをしていたら、ファルファッレという蝶々の形をしたパスタを使ってみたり、バナナが出てきたら、バナナを使ったパンケーキをつくったり。そういうものをいくつも出し合います。プランを立てたら、版権を管理しているシュルツ財団に許可をとり、許可が出なかったら再度考え直し……そのような繰り返しで、撮影に入るまでの準備にずいぶん時間がかかりました。

表紙には原作のシュルツさん、訳者の谷川俊太郎さん、料理は渡辺有子と入っています。これは記念になったことはもちろんですが、最初にして、まったく恐れ多い仕事をしたものです。これが独立のきっかけになったのですが、この本は後にB5判のサイズで再販もされ『スヌーピーのアメリカン・スィーツブック』『スヌーピーのカジュアル・レストラン』という二冊になりました。

最初の仕事

完全に独立してからの最初の仕事は『TANTO』（集英社）という料理雑誌のモノクロページだったように覚えています。小さなスペースで読者の投稿してきたレシピの再現をするというもの。自分のレシピではないので味付けがこれでいいのか、切り方もこれでいいのか、悩みながらのものでした。この時、すでに実家を出ていて、東急東横線の都立大学でアパート暮らしをしていました。階下に大家さんが住んでいる、まるで漫画に出てきそうな、いわゆる木造二階建アパート。せっかく実家を出たというのに、遅く帰ったりすると大家さんに心配されるような実家感のある、やや窮屈な暮らしをしていました。

仕事は先生には頼めないような内容の仕事をアシスタント時代におつき合いのあった編集者やライターさんが依頼してくれました。ヨーグルトを使ったひんやりおやつ、電子レンジでできるお菓子など、料理というより簡単なおやつというのが大半でした。

その頃、メールはありませんでしたから（あったのかもしれませんが）、まだ仕事の依頼はすべてファックスや電話で受けて、やりとりしていました。独立した時に、がんばって買ったものがガスオーブン。先生が使っていたものと同じ大きなものを買って、自分の決心を確かなものにしようと意気込みました。

毎日が実験

独立してからの三年間、二六、二七、二八歳は、遊びにも行かず、仕事ばかりしていました。

自分から営業に行ったことはありませんでしたが、ひとつひとつの仕事が営業だと思っていました。結果をきちんと出して、真面目にやっていれば、次につながるというのを実感していました。そして、必ず見てくれる人はいるのだと。

女性誌や料理誌が全盛の頃で、仕事の依頼はありました。たとえばナス料理二〇品とか、豆腐でつくる料理一〇品とか、テーマがきます。正直なところ、自分の料理のストックはまったくといっていいほどありませんでした。これとこれを合わせたら、こういう味になるとか、素材のこういう使い方もあるとか、そういうストックはありましたが、自分の料理というものをもっていたわけではありません。テーマがきて、「こういうこともできますか」と聞かれます。その料理が豆腐なら「崩してみましょうか」とか、「火を入れてみましょうか」とか、その場で答えていきます。ストックをもっているわけではないのに、「こういうこともできます」と即答していました。

なので、打ち合わせ後は自宅で試作というか、実験のようなことをしていました。いろいろな素材や調味料を合わせてどんな味になるのか、いつもそんな試みを夜中までするのです。仕事をしながら自分の引き出しも増やしていったような時期でした。仕事をいただくのはうれしい反面、プレッシャーもあり、撮影前夜はあまり眠れず、撮影の段取りを頭の中で繰り返していました。

当時、たとえば二〇品と依頼されたら、メニュー提案の段階では、四〇品弱は出さなければいけなくて、つくり方はこんな感じですと簡単に説明もします。私が駆け出しだったからなのか、そういう時代だったのか、その両方だと思うのですが、仕事はいつも、そんなふうで、提案してもそれがすんなりと通るとは限らない、なかなかに厳しいものでした。そして、どの料理を採用するかの決定は編集者がしますし、制約というものもあります。

とにかく、「簡単でおいしい」レシピが求められます。オーブンを使う料理はいまのようには受け入れてもらえず、オーブントースターで代用できますか、フライパンに替えられませんか、フレッシュハーブの替わりに、ドライでもいいですか、ナンプラーは手に入りませんけど、どうしましょうか……など。いまではポピュラーな食材や道具が身近ではない時代でした。

電子レンジでつくるおやつがテーマだった時に、「スコーンもできますか?」と聞かれて、いつものように「できます」と言ってしまって、試作をしたら、まるでふくらまない。中まで火は通らないし、ボロボロ……。ジャスミン茶のゼリーもつくれます、と言ったはいいものの、固まらなくて、なんていうこともありました。焦って夜中に、お菓子研究家の方に「お茶のゼリーはどうして固まらないんでしょうか」と電話する始末。タンニンが強いお茶はなかなかゼラチンでは固まらない、寒天のほうが固まると教えてもらいました。

インターネットで検索もできないし、図書館もあいていない。駆け出しだった私は知らないこと、調べることが山ほどありました。

カレーの撮影の時に、ごはんにクルミを入れて炊くとおいしそうだなぁと思い、一緒に炊いてみました。撮影前に、試作をするべきだったのですが、撮影の当日ぶっつけ本番でしてしまい、炊きたての白いごはんにクルミがふわふわっとあると想像していたのですが、カレー以上に茶色いごはんが炊きあがってしまいました。その時は一回開けた炊飯器の蓋を、思わずパタッと閉じましたっけね……。そのまま撮影になり、すみません……と思いながら、刻んだパセリを散らしました。自分でもよくないとわかってはいたのですが、すべてのメニューの試作を完璧にせずに撮影に入ってしまうこともありました。

こういう味付けにしますね、と打ち合わせで言ったにもかかわらず、調味料を配合してみるとイメージした味にならなかったり、もう毎日が本当に実験でした。

覚えているのは、そんな冷や汗をかいたことばかりですが、アシスタントだった時に出会っていた写真家や編集の方に、段取りがちゃんとしているね、と言ってもらえて心強かったこともありました。撮影日には全体の流れを考えて、スムースに撮影が進むように料理の途中段階の差し替えも用意しておきます。撮影中にぱっと差し替えを出したら、「さすがだね」と言われて、褒めてもらえるとうれしくて調子にのる末っ子気質。撮影が順調に終わることに、ますます気を使うようになりました。

独立した時に、唯一決めたことは、仕事は絶対に断らない、ということでした。それを貫いた九〇年代だったと思います。『saita』、『TANTO』、『レタスクラブ』など、生活情報雑誌が活気のあった時代です。

ハックルベリーと書籍の仕事

独立した頃は、歳上の方との仕事がほとんどでした。スタッフの中で常にいちばん歳下ということがしばらく続きました。仕事を依頼してくれる編集者も、みなさん歳上。みんなに認めてもらいたい、褒めてもらいたくて仕事はなんでも引き受けていました。

当時、ハックルベリーという洋書屋さんが赤坂のＴＢＳの裏にありました。コーヒーを飲みながら洋書を見られる画期的な本屋さんでこぢんまりと佇み、内装も格好よく、外国の店のようでした。そこに誰の紹介だったのか、どういう経緯だったかまたしても忘れてしまいましたが、バナナケーキやフルーツケーキなど日持ちのする焼き菓子を納品することになります。

店主だった馬詰佳香《うまづめかこ》さんはいま、スタイリストの岡尾美代子さんと鎌倉でDAILY by LONG TRACK FOODS（デイリーバイロングトラックフーズ）というデリカテッセンをされている方です。最初はお菓子の納品だけでしたが、その後、馬詰さんとケータリングチームを組むことになります。はじめはハックルベリーで定期的に開かれていた個展のオープニングに、作家さんやテーマに合わせて、フィンガーフードをつくることからスタートしました。

フラワースタイリストの方と馬詰さんと三人チームで活動がはじまりました。前職がSAZABY（サザビー）だった馬詰さんはアパレルにも知り合いが多く、ショップのオープニングや結婚パーティなど外へ向けてのケータリングも徐々に増えていき、雑誌『Olive』に取材してもらったこともありました。

フィンガーフード、見せる料理、形から入る料理。そういう考え方をここではじめて学びました。まず馬詰さんがテーマ、アイデアを出します。たとえば今回は丸いものをテーマにしたいとなると、出来あがりの形と色から料理をつくっていきます。その頃の写真が残っていたらよかったのですが……。いまのようにスマートフォンで簡単に撮影できる時代ではなかったですからね。

ハックルベリーはフリーランスで働く個性的な人たちに出会い、刺激を受ける素敵な場所でした。アメリカから帰ってきて間もない松浦弥太郎さんがブックインストアとして店内に小さなスペースをもつようになったのもこの頃。それがCOW BOOKS（カウブックス）のはじまりかもしれません。ほかにもフードコーディネーターの根本きこちゃん、お菓子研究家の福田里香さん、帽子作家のスソアキコさん、グラフィックデザイナーの井上庸子さん……。この場所は当時の私にとって、とても大切でした。

独立してすぐの頃、新聞の仕事もしました。『読売新聞』だったように覚えています。ライター兼編集者は新聞記者、写真はふだんは報道を撮っているカメラマンと、料理専門の方たちではないので、撮影の雰囲気もずいぶんと違いました。

家庭欄に載る料理の記事で、今晩のおかずの参考になるものをつくります。新聞ですから読者の年齢層もさまざま。多くの人に「あ、今晩つくってみようかな？」と思ってもらえるような手軽さが必要とされます。雑誌のように年齢層やタイプのターゲットがないのでなにを基準にしたらよいか、迷います。

ただ新聞はタイムラグがないので、いまおいしいもの、季節の先取りもせずにいまある素材で撮影できる良さもありました。読者も幅広く、いろいろな方がおられるのでしょう……、息子の嫁になってほしいと息子さんの写真が同封された手紙がきたことがありました。丁重にお断りしましたが、新聞に出るということは、こういうこともあるのかと、その時に思いました。

二〇〇〇年になると『ふんわりパンとざっくりパン』というムック本を、日本放送出版協会（NHK出版）から出しています。二〇〇一年の『小さいおべんとうでたのしく外ごはん。』（永岡書店）、二〇〇二年の『ひと皿ごはん』（文化出版局）は、カフェブームに乗ったのだと思います。ワンプレートとかカフェごはん、カフェめしというような内容が増え、私たち若手の料理家も活躍できるテーマでした。

『おいしいピリッ辛レシピ』（成美堂出版）、『アジアの調味料でいつものご飯』（文化出版局）では、アジアがテーマに。この頃、エスニックなものが家でもつくれたら、という流れだったのかもしれません。オレンジページブックスのヒット本、「基本シリーズ」でも『基本のアジアごはん』を担当しませんか？　と話をいただきました。先生がエスニック料理を得意としていましたから、その影響もあったと思います。私も学生時代からネパール、バングラデシュ、インドネシア、タイ、ベトナム、シンガポールなどに出かけていたので、エスニック料理が好きでした。

テレビの仕事

二〇〇〇年を過ぎると、テレビの仕事もするようになります。『雷波少年』というバラエティ番組の中の「麺ロードの旅」というコーナーがあり、お笑い芸人の二人組が世界各国のおいしい麺や不思議な麺を探し歩くという内容の審査員として、レシピも監修しました。その流れからだったでしょうか、当時、人気番組だった『伊東家の食卓』というバラエティ番組の料理監修も二年ほどしました。

その番組は視聴者から生活のコツや知恵を募集して、それを実際に試していくという内容で、料理のネタがあるとその裏づけや正確性を検証するという仕事でした。それなりの責任があるはずですが、できるかできないかもわからないのに、うっかり引き受けてしまったという具合です。仕事は断らないと決めていたので、まずはやってみる。そして楽しさや、やりがいを見いだせたり、苦しんだり、そんな繰り返しでした。

テレビの出演は比較的早くに経験しました。NHKの『きょうの料理』にもギリギリ二〇代で出ています。

日本テレビの『キユーピー3分クッキング』も、三〇代のはじめで、レギュラーで担当していました。料理家にとって『きょうの料理』は紅白歌合戦のようなもので、出演できることは親孝行といった雰囲気を持っていました。『3分クッキング』は甲子園のようなものかもしれません。

『きょうの料理』も『3分クッキング』も、編集を前提としない収録なので、それぞれ二四分と七分と、生放送さながらの通しで収録をします。台本はありますが、段取りで頭がいっぱいになってしまいます。『3分クッキング』のレギュラーでは月曜日から金曜日まで月のうちの一週間を受け持つので、なかなかにたいへんでした。

材料も全部用意してスタジオに向かいます。『3分クッキング』は放送時間が七分と短いので、必ず料理の途中段階、いわゆる差し替えが必要になります。料理を段階別に用意しなければなりません。レシピは四人分なので、その差し替えが何単位必要か台本を見ながら計算します。魚の切り身だったら四切れが一単位なので、その七、八倍、三〇切れほど用意しなければいけないという計算になります。しかも月曜日から金曜日までの五日分の収録。前日から準備しないと現場だけでは間に合わないわけです。

収録日のほかにも、台本をつくるためにすべての料理をつくる日、月の献立会議、テキスト撮影の日もありました。

レギュラー陣の中で若手だったこともあり、プロデューサーにも容赦なくダメだしをされました。「ふだん通りじゃだめ。いつもより声を一・八倍の張り方にしてください。二倍だとうるさいですから」って。なかなかに厳しく、修業のような仕事でした。

雑誌と違って動くわけですから、覇気がないと沈んでみえてしまうのですね。視聴者からも「あの先生には距離を感じます」なんていう厳しい意見もあったようです。まったくもってテレビ向きではありませんでしたが、良い経験になりました。

らしさを追いかけて

独立してからずっと雑誌が主な仕事でした。あこがれの媒体はいくつもあり、そのひとつが、NHK出版が出していた『ER・iO（エリオ）』という料理誌でした。とても洗練されていて、いつか仕事がしたいとあこがれていました。アートディレクターはデザイナーの有山達也さん。いままでの料理雑誌にはない斬新かつ洒落たデザインで、一ページをつかって一カットの料理というような、それまでの料理雑誌とは一線を画していました。スタイリングもかわいくて、スタッフも楽しそうで雑誌自体に勢いを感じました。

チーズ特集の時に、料理ではなくスタイリングを頼まれたのが『ER・iO』の最初の仕事でした。いろいろな料理家の先生が関わっていたので、まずはスタイリングからさせてもらったのだと思います。チーズをのせるのに分厚い大理石があったらいいなぁとか、いい感じの古材の板もいいねぇと打ち合わせで、有山さんと写真家の小泉佳春《よしはる》さんに言われて、そんなものをどこで探せばいいのか、まったくわからなかった私は焦るばかり。スタイリストのＣＨＩＺＵさんに電話をかけて、どうしたらいいですか？　と泣きついたのでした。

『ＥＲ・ｉＯ』から仕事がきたということがうれしくてしょうがなかった反面、大きなプレッシャーに押しつぶされそうになりました。撮影前夜は本当に一睡もできませんでした。

その後、少しずつ、お菓子やサンドイッチというテーマでページをもらえるようになっていきます。撮影はとても楽しかったですね。それまでの実用書とはまったく違うものをつくっていたと思います。スタッフ全員がページイメージの共有ができ、向かっていく方向が明確だったように感じます。『ＥＲ・ｉＯ』の表紙をやってみない？」と言われた時は、これもたいへんなプレッシャーでしたが、とてもやりがいがありました。いつもうれしさとプレッシャーの板挟み。ですが、とてもワクワクする仕事でしたね。

あこがれと言えば、料理家として、文化出版局から本を出すことも、そのひとつです。これは、二〇〇二年の『ひと皿ごはん』で実現します。この本はようやく、自分らしさを出せたものでした。

それともうひとつ、マガジンハウスから仕事が来ることを目標にした時期がありました。いろいろな出版社と仕事をしているのに、マガジンハウスからは声がかかりませんでした。

最初はまた、料理撮影でなく『クロワッサン』のインタビューページでした。『ひと皿ごはん』を出版した時に取材をしてもらいました。まだ三〇代前半だったので、『クロワッサン』は自分よりずいぶん歳上の人の雑誌だというイメージ。その後、『ａｎ・ａｎ』『BRUTUS』『Casa BRUTUS』と続き、やがて『ku:nel』『&Premium』につながっていきます。

二〇〇〇年代中頃に入った頃でしょうか。仕事を断らない、ということを見直そうと思うようになりました。このままでは自分の料理というものはどんなものなのかわからない。自分がわからなければ、ほかの人にわかってもらえるはずがない、という思いに至ったのです。

自分の名前、「渡辺有子」の冠がつく仕事をもらうというのを、もうひとつの大きな目標にしようと決意しました。私の野心と言ってもいいと思います。

ファッション誌や女性誌の料理ページの仕事に移行していきたいと考えるようになります。とても勇気がいりましたが、一度、思い切って、実用の料理雑誌の仕事をやめることにしました。

それは、媒体を替えるということだけではなくて、自分の料理とはなにかというところをちゃんと見つめることでもありました。実用の料理雑誌の仕事をしている時に、よく「どんなものをつくるのですか」と聞かれることがありましたが、そう聞かれても、うまく答えることができませんでした。

自分の料理ってなんだろう？　その疑問が自分のなかで膨らんでいきました。

仕事は途切れずにありましたし、このまま料理家としてはやっていけるかもしれない。でも、このままでいいのだろうか。なにをもって私に仕事を頼んでくれるのか、もっと言えば、どういう料理がよくて、私を評価してくれるのか、自分でも、わからなくなっていました。

「渡辺有子の料理はこれです」と答えられるように、そういう仕事の依頼がくることを目指そうと思いました。そんなふうに自分の名前を冠にして仕事をされている先輩たちは、ずっと先を行っているように感じました。有元葉子さんや堀井和子さんです。どこをとっても、その人「らしさ」がありました。

仕事の依頼がきた時に、このテーマだったら、自分らしさが出せるかどうか、よく考えるようになりました。仕事なので制約があるのはもちろんですし、私はあくまでも料理家で、アーティストではありません。なので、好きなものだけつくりたいと思っていたわけではありません。でも、制約がある中で自分らしさが出せるものをつくっていこうと決心しました。三〇代半ばに差しかかっていました。

自分らしさ

自分らしさを出していこうと思った時に、自分の中のいちばんの変化は、化学調味料やそれに近いものを、まずやめようということでした。実用のレシピをつくっている時には、固形のブイヨンや顆粒の中華出汁を使っていましたが、使わないで素材の旨味を引き出すという方法を伝えていきたいと思いました。道具としては、電子レンジを手放して、レンジを使わないレシピを提案するようにしました。

そして、いちばん大切にしようとしたのは、季節がわかるものを使っていきたいということでした。旬がいつなのか、それを使った料理が体にもよく、おいしいものなのだということを自分は伝えていくことができる立場なのだから、それをきちんと出していこうと思いました。

ひとつの素材で二〇品のおかずというような提案をしていた時は、無理にひねり出したようなレシピもありました。これからは自分がおいしいと思っているもの、相性のよい素材の組み合わせを出していこうと決めました。

実用の料理ページを担当した時に、ナッツとドライフルーツ入りのパンのつくり方を二つの雑誌にほぼ同時期に載せてしまったことがありました。これは一緒に組んでいたライターさんにひどく叱られました。当時はどこかで紹介したレシピは別の雑誌では使ってはいけないという、ご法度《はっと》に近いものがありました。けれど、必ず新しいものでなければいけないという理由はあるでしょうか。たとえば、新しいレシピを考えることを優先すると、塩だけでもいいのに、なにか味を変えなければならないから、調味料をあとひとつ足すことになります。そういうことが苦しくなっていました。

自分がよいと思うレシピを、私の味というふうに伝えていけるようになりたいと、はっきり意識するようになりました。たとえば、春が来たら必ずこれをつくりますというような、自分にとっての定番レシピを提案できるように。段階としては、自分があまり好まないことは無理をしてやらないようにする、ということからはじめました。

2 味とわたし

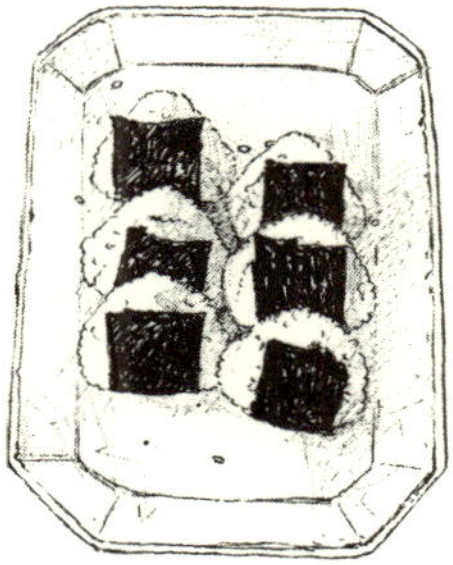

味の仲間

私が伝えている料理は「家庭料理」です。和食、中華、エスニック、フレンチ、イタリアン……そういうふうにジャンルを意識してきたわけではありません。家庭料理なのだから、いろいろあっていいと思ってやってきました。むしろ、いろいろありなのが、「家庭料理」の良さであり、楽しさなのだと。

料理をつくる時は、やはり素材から考えます。まず季節から発想します。夏だったら、空豆や枝豆……。レモンひとつからはじめることもあります。どんなものができるか、どんな可能性を秘めているのか、そこから考えるので、素材ありきです。

素材の次に考えるのが、調理法です。蒸すか、焼くか、煮るか。その素材に適した調理法を考えます。そして食感を考え、味つけを見極めます。

たとえばイチジクを使いたいと思ったら、イチジクに合うものから考える、自分の中では同じグループの仲間をみつけること、というふうに表現しています。

味の仲間でいうと、私の中ではアボカドと枝豆は同じグループにいます。そのふたつを組み合わせたら、おいしくなるだろうとか、アボカドに焼き目を入れたほうがより枝豆と仲間になるだろうな、などと考えていきます。

まず、グループを探すことをします。ワカメの磯の香りとやわらかさとなにが一緒かな、そういうふうに探していくのです。同じ仲間で組み合わせたり、グループの違うものを合わせても合うこともあります。

仲間をみつける作業は、素材のどちらかを際立たせるために使ったり、組み合わせにすることで新しさが生まれたりなので、素材と素材を組み合わせる時に食感というものも大事にしています。すごく食感が変わるであろうふたつを組み合わせたり、同じ食感になるであろうものを組み合わせたり。

先ほど例に出したイチジクでは、火が入ったものと入らないものでは、仲間が違ってきます。火が入らなければ乳製品やチーズが仲間になります。火が入ると肉類が仲間になります。

そして、生かしたいメインの食材がイチジクで、そこに豚肉を持ってきたら、出来あがりは豚肉がメインの料理になりますが、あくまでも、自分の中ではイチジクが使いたくて発想した料理なのです。

ひとつの素材を軸に考えるので、私がつくるひと皿は基本的にたくさんの食材を使うことはありません。仲間をみつけずに、一種類でいくこともあります。イチジクをオーブンで焼いて、たっぷり胡椒をかけるとか、その胡椒も細かく挽いてしまわずに、少しだけ潰した粗挽きにするとか、そういうことをどんどん頭の中で想像していきます。

素材の仲間を探すことがレシピを考える時のいちばんの要《かなめ》なので、使う調味料は必然的に少なくなります。なにかひとつ、自分がどうしても使いたいと思う素材から仲間をみつけて、調理法をどうするかを考えていくと、どんどん引き算の料理になっていきます。

どの素材と素材が仲間なのかは、たくさん例が挙げたくても、その時、感覚的に感じることなので、なかなか言葉にしにくいのですが、頭の中で味わえる味がたくさんあります。

外食していても、この味はこれと合いそうだな、なにかで感じた味だなあとか、想像しながらその味を追って食べてしまいます。そのまま再現することはあまりしませんが、感じた味の仲間を探すこと、こういう作業の中で自分の味が生まれるのだろうと思います。

もうひとつ付け加えると、料理の中にはつなぎになるもの、というのがあります。それが素材であったり、調味料であったり、香りだったりするわけですが、ひとつずつの素材はバラバラでも、もうひとつ、素材を加えることでそのふたつがつながることがあります。

旬のおいしそうな素材をこれとこれを使いたいと思った時に、このふたつは仲間ではないけれど、もうひとつ香りのものや調味料が入ることでふたつがつながり、仲間になることがあります。

その中で仲間を探すこともあれば、まったく対極にいる素材や食感をもってくることでひとつの料理が完成することもあります。

この仲間をみつける、あるいは仲間にしていく作業は、その人の好みを探ることでもあると思うので、それぞれ自分の中で、素材の仲間をみつけることができれば、その人やその家の味が生まれていくと思います。レシピはあくまでもひとつの参考であって、そこから自分の好みや家庭の味にしていくことが料理の楽しさだと思います。

調味料について

自分の料理の変化でいうと、調味料を多用しなくなりました。補う程度、というくらいです。基本は塩です。

塩は使うタイミング、使うところで役割が変わります。下ごしらえ、つまり旨味を引き出すための塩と、味つけをするための塩は違います。旨味を引き出す時の塩はとても重要で、最後の味をととのえるところは補う程度だと考えています。旨味を引き出しつつ、味をちゃんとなじませるために塩を使います。もちろん料理によります。

使っているのは二種類の塩。基本の塩には、粗塩の奄美大島の南にある加計呂《かけろ》麻《ま》島の塩を使っています。この塩は、加計呂麻島に取材に行って出会いました。目の前に広がる海があまりにきれいで目をみはるほど。ブルーではなくエメラルドグリーンの鮮やかな海水をくみ上げて釜炊きしています。

「この塩おいしいですね。どこの塩ですか？」と、よく聞かれます。はじめは割と強く感じますが、最後に甘さと旨味がやってきます。なかなか手に入らないので、仕上げの時だけに使っています。肉や果物を使う濃い味の料理の時には、マルドンなど粗めの海塩を使っています。

雑誌のレシピでは「塩の分量を出してください」と言われるのですが、じつはこれも葛藤です。どのような塩を使うかによって分量はもちろん、料理の味が変わるからです。目安として分量はなるべく出しますが、塩加減というのは人それぞれです。家族内でも好みが違います。なので、塩味はむずかしいと、いつも思います。レシピの文字だけではなかなか伝えられない大きな部分です。

和食というと醤油というイメージがあると思いますが、私は和食でもあまり醤油を使いません。お酒と塩で味つけするものが多く、それは砂糖をあまり使わないからだと思います。砂糖を使うから醬油がほしくなる、醬油ベースだから砂糖が必要になる、そういう関係だと思っているので、両方を使わないようにすると、お酒と塩だけで成り立つことになります。醬油を使うと、料理の色がすべて同じような茶色になってしまい、残念に思うことがあります。ですから、醬油を使う頻度は少なく、愛用している特定のものはありませんが、使うなら、昔ながらの製法のもの（味わいはキリッとしたもの）がいいなと思う程度です。

お刺身も、醬油にわさびだけではなく、塩とオリーブオイルや柑橘を搾って食べてみるといいですね。でも、うどんの出汁にはほんの少しだけ醬油を入れるとふくよかになり、塩だけだと角《かど》の立った味になるので、色はつけない程度に使います。そういう意味ではなくてはならないものでもありますね。鯛の兜煮や牛肉のしぐれ煮、すき焼きなど、醬油がなければつくれないものもあります。

醬油を使うタイミングというものもあります。いつ、どこに使うかということです。

たとえば、青菜のごま和えで和え衣にするごまのほうに醤油を入れてしまいがちですが、こうすると和え衣だけが水分の多い、辛《から》い味になってしまい、ごまの風味も消えてしまいます。茹でた青菜のほうに先に醤油をからめておくと、醤油の風味は青菜につき、ごまの和え衣は水分をもたずに青菜にまとわりつきます。そして、ごまの香りもしっかり残ります。醤油がただしょっぱいものになってしまうか、風味を生かせるかは、ここで大きく変わります。

みりんを使う時も醤油ではなく、塩を合わせます。たとえば、キンピラは、みりんと塩でつくるのが私の定番です。みりんはしっかりと味のある甘強《かんきょ》の「昔仕込本味醂」が好みです。塩キンピラは、野菜そのもののおいしさも味わえて、あっさりとしていて箸がどんどん進みます。

お酢の使い勝手

酸味好きとしては、お酢はなくてはならない調味料です。「千鳥酢」を大瓶で常備していますが、お酢に限らず、調味料はいずれもなるべく小瓶がよいです。私はお酢の消費が早いので大瓶ですが……。

酸化、劣化しますから、風味が損なわれないうちに開けたらなるべく早く使い切ることを心がけてください。お酢は酸味の違いがありますからなにに使うかで使い分けています。

愛用の千鳥酢は酸味がやわらかく、和えもの、酢のもの、浅漬けなどに。酢飯をつくる時、塊肉を煮る時などは、もう少し酸味がしっかりとしている「富士酢」を使っています。お酢はただ酸っぱくするだけではなく、料理をさっぱりとした仕上げにしたり、肉や魚をやわらかくしたり、変色を防ぎます。見えないところに効力があるのがお酢の良いところです。

洋風のビネガーは赤ワインビネガーを主に使っています。サラダやマリネに一本持っておくととても便利。酸がしっかりしていますがコクもあり、味に奥行きがでます。これもただ仕上げの調味料としてだけではなく、下味にも用います。たとえば、スペアリブの煮込みのような脂分の多いものは仕上がりがしつこくならないようにスペアリブに火を入れる前に塩こしょうと併せて、赤ワインビネガーをふっておきます。酸っぱくなることはなく、さっぱりと軽い仕上がりになります。

お酢を効かせすぎると同時に甘さがバランスとして必要になってくるので、酸味を使う時は加減が必要です。

まだ駆け出しの頃、ピクルス液をつくる時に水を使うと日持ちしないなぁと思い、水分をお酢だけにして、砂糖やスパイスを加えて煮立てました。匂いからして酸味が強烈だったので、砂糖をこれでもかというほど入れたのですが……いざ、味見と口に運んだ時のむせようといったら、もうたいへんでした。咳き込むとよけいにむせる、の繰り返し。酸味は目にも染みるし、甘みは足りないしで、散々。

結局、水で薄めてピクルス液が大量にできましたっけ。

いまは、白ワインをベースにして酸味と糖分をほどよく効かせて、味も保存も両立させています。

梅干しは調味料

梅干しも立派な調味料だと思います。

塩味をもうちょっと足したいけれど、単純に塩を増やしていってしまうと塩味の角を感じます。どうにかならないものかなと思ったのがきっかけでした。梅干しを使うと角はなく、ほのかな酸味と丸みのある塩気が旨味になって作用します。昔からイワシを煮る時に、臭みをとるのに梅干しを使いますが、それを応用できると思ったのです。鶏肉や豚肉を煮る時にも、青菜の和えものにも、梅干しをベースに和え衣をつくります。お米と梅干しを一緒に炊くと、さっぱりとした味のおむすびにも向くごはんになります、おいしいですよ。

毎年、梅干しは漬けています。たいへんと思われがちですが、塩漬けして赤じそを加えて梅雨が明け、天気が安定したら干す。やってみると大したことはありません。もちろんとことん極めれば、手間ひまがかかります。でも、それでたいへんそうとやらないよりも、肩肘張らずに簡単な方法でも挑戦してみるといいと思います。しそ漬けにしようと思うと、赤じその下処理が少したいへんですが、その作業のいらない白干しにすれば簡単です。あまり塩を減らすと保存が効かなくなってしまいますが、塩をどこまで減らせるかなど、毎年、いろいろ実験をしています。一回として同じになることはありません。だからこそ、おもしろさがあるわけです。出来あがった梅干しは料理に使うことが多いのですが、自分で漬けた梅干しはやっぱり、格別においしいものです。

味噌づくりも難しいことはありません。蒸した大豆をつぶして、塩と麹《こうじ》を合わせ、味噌玉をつくって仕込みます。おもしろいもので、友人たちと一緒に味噌玉までつくっても、それぞれの家で熟成させると、出来あがった味噌の味はそれぞれに違います。ベースは一緒なのに、環境や菌の働きによって違う味になるなんて、おもしろいですよね。

ショウガとニンニク

そのほかに調味料として考えているのは、ショウガ。煮ものにも、炒めものにも、汁ものにも、ショウガに頼っているといってもいいくらい多用します。発酵だれをつくる時にもショウガを使います。刻んだニラと青唐辛子の塩漬けにショウガをたっぷり加えます。二週間くらい熟成させると高菜漬けのような味になり、ごはんにのせても良し、蒸し豚にのせても、とてもよく合います。次は、柑橘の皮を刻んでたっぷりのショウガと塩と青唐辛子を入れて発酵させてみようかな、などあれこれ考えています。

ショウガを多用する一方で、ニンニクはさほど使いません。ほんの少量をうまく使うとよい作用をしてくれます。香りだけを油に移して使うのがいいですね。

最近、あまり使わなくなったものはカレー粉。一時期、カレー粉を隠し味に使うことが多かったのですが、カレー粉の味が隠れていないなと感じて。カレー粉を使う時は隠し味ではなく全面的に使うようにしています。鶏のレバーやハツを調理する時に以前は、臭みを消すためにカレー粉を少し隠し味も兼ねて使っていましたが、いまはバルサミコ酢で煮ています。臭みも感じず、旨味のあるひと品になります。コクととろみ、甘みのあるタイプが向き、酸味の強いバルサミコ酢だったら、はちみつを加えるといいと思います。

クミンなどスパイスは使いますが、滅多に使わないようなスパイスはレシピに用いないようにしています。使わない調味料をいくつも揃えても仕方がありません。味に変化をもたせたい時は、他にも使えそうなスパイスを用いてみることをオススメします。たとえば、いつも胡椒だったところを粉山椒に替えてみる、というような提案をしたいと思っています。無理なくつくれるもので、おいしくつくれる方法を伝えたいですし、一方で、新しい使い方を知ってもらいたいという思いもあります。ハーブについても、同じです。無理なく、取り入れてもらいながら、新しい味や料理の楽しさにつながっていくといいなと思います。

習慣を疑う——出汁編

出汁はいちばん手軽にとれる旨味です。西洋料理のブイヨン、フォンをとるのは時間がかかりたいへんですが、日本の鰹や昆布、いり子などの出汁は短い時間で手軽に旨味が引き出せます。どんな料理に仕上げたいかで、使う出汁は変わってきます。鰹でとるといっても、濃いめがいいのか、うっすらと風味を感じる程度がいいのか、仕上がりをイメージしないといけません。そのために、一番出汁、二番出汁はあります。

以前は圧倒的に鰹出汁を使っていましたが、このごろは、頻繁に昆布出汁を使うようになりました。素材の味を楽しむのなら、水に近い出汁でも十分だということに最近、気がつきました。私の中では発見といってもいいくらいです。昆布は強く主張はしないけれど、縁の下の力持ちになりえます。昆布出汁については、昆布を煮てとる方法と、水に昆布を漬けるだけの水出汁にすることでも、味わいが変わります。昆布と一緒に煮干しも入れると、また旨味に層が生まれます。

水に近い味わいを生かす料理というのも、あると思います。鰹出汁に慣れきっていましたが、自分が慣れてしまったことを見直すと、まったく違う味に出会うことができます。

お浸しの見直し

もともと、出汁に浸す料理をお浸しというのですが、お浸しの代名詞と言えば、ホウレン草のお浸しではないでしょうか。でも、なにもどこにも浸してはいませんね……。

お浸しはつくっても主役にはなれないし、ましてや名脇役にもなれないから、どこか適当になりがちです。

ホウレン草を茹ですぎて、水気をぎゅーとしぼって、食べやすい長さにして、醤油をかけたら、おかかをパッと。母は私たち子どもに栄養を摂らせたい一心から、この料理といえないような、ホウレン草のお浸しをよくつくっていました。食卓にあってもなくてもいい存在で、誰も箸をつけず、小鉢に入ったまま、また冷蔵庫にしまわれて。あぁ、不憫。

この醤油をチャッとかけただけの、ホウレン草のお浸しもいまではお浸しという位置づけになってはいるようです。お浸しではないけれど、これがお浸しだとしてしまったから、これもあり、となったということでしょうか。でも、どこでこんなに、はしょられてしまったのでしょう。


お浸しなのですから、きちんと浸しましょう。そして、あってもなくてもいい存在ではなく、脇役から名脇役にしてあげようではありませんか。出汁の旨味の海に存分に浸かった野菜、しっかり冷やしたスッキリ感。暖かい季節の食卓では、ご馳走にさえなります。

春には菜の花やアスパラ、新玉ネギ、夏にはトマト、インゲン、ゴーヤ、秋にはきのこや梨など、冬の青菜ももちろん。昆布や鰹の出汁に塩、醤油を適量。醤油は薄口にするか、濃口だったらほんの少し。浸す出汁は色合いが大事ですから、醤油は控えめで塩で味を決めていきます。

たまに、柑橘の風味を効かせるのも粋です。ここでも素材の組み合わせは自在です。季節を浸すと思うと、いろいろな組み合わせを楽しむことができます。

最近のヒットは秋のお浸しで、梨と菊花とキクラゲ。菊花とキクラゲはさっと茹でます。これは色合いもシックで食感の違いが食べた時に楽しいお浸しになります。浸すのは昆布出汁、少し酢で酸味も加えました。さっぱりとしていて、たくさん食べられます。

これを、ホウレン草のお浸しみたいに小鉢に入れてしまうのではなく、ガラスの器や大きめの鉢に少量、上品に盛ると、美しい一品に。まさに食卓を彩る名脇役になるわけです。

料理には必ず背景があります。それをもう一度見直してみると、あたらしい発見があるように思います。

汁もののこと

じつは家では味噌を常備していません。家族が味噌汁を飲む習慣がなく、体質にあまり合わないことが理由です。なので味噌汁はごくたまに、でも、汁ものはよくつくります。

和食の時は昆布か鰹出汁で野菜をたっぷり入れた、けんちん汁やあっさり塩味のスープをつくります。冬には粕汁もよくつくります。食事の時に汁ものがない時は、煮ものやお浸しを薄味にして少し水分を感じるような仕上がりにします。

寒い時期の鍋ものや小鍋立ても、最高の汁もののひとつです。水炊きにしてポン酢などで食べるのではなくスープたっぷりの鍋ものにします。出汁を効かせる時、野菜の甘みを引き出す時、どちらも調味料は最小限です。汁ものはひと口目に、飲んだ時には少し、薄いと感じるほうがよいのです。ひと口目から、しっかりと味を感じると最後まで飲む頃には濃いと感じてしまいます。だからといって、ぼやけた味はおいしさにつながりません。角のない旨味に変わった塩気を引き出すようにします。丸みをおびた味わいという感じでしょうか。それが汁ものの完成の味のイメージです。

最後に味をととのえる、とレシピによく書かれていますが、汁ものは塩気をととのえてから、しばらく馴染ませた味にしたいものです。でも、煮詰まってはいけません。料理の着地点、その味をイメージすることが大切になってきます。

スープ

旨味ということでいうと、スープも出汁と同じように、どんどんシンプルな料理になっています。野菜からの旨味を引きだして、調味料はなるべく控え、薄味にします。素材の旨味を引き出すタイミングや、旨味素材の組み合わせ、隠し味に使う素材を工夫したり。それは以前とはかなり変わってきました。

まず、野菜だけを十分に蒸して水分を出すことをします。鍋に野菜と少量の油と塩。そして蓋をして弱火にかけ、野菜に汗をかいてもらうのです。この時、焦げは味に大きく影響しますから、気をつけて。焦げるような熱さではなく、しっとり汗をかくようなサウナ状態に。水分をたくさん含む野菜もあればそうでないものも。根菜類は水分がほぼありませんから、少しの水分をおぎなって旨味を引き出すようにします。これが野菜出汁となり、凝縮された旨味となります。

旨味を引き出したら、スープにするための水分を加えていきます。この方法で、塩だけでも十分な味となり、野菜や肉本来の旨味を感じるスープができます。コクがほしい時は少量のバターやオイルで補うとよいです。

このように素材の旨味を引き出して出汁をとるという考え方にすると、野菜の顆粒出汁やキューブのような出汁を使わなくても十分おいしく、極めてシンプルになります。野菜の味わいは驚くほど甘みがあり、重なりあった奥深い味わいを感じることができます。

スープはとても優秀な料理だと思います。野菜をたくさん使えば栄養も摂れて、体が温まる。動物性のたんぱく質と合わせると一皿で満足を得られ、体調のすぐれない時には栄養が溶け出たスープ分だけを少量でもよい。ペースト状にすれば離乳食のようなことから、介護食にも。朝、昼、夜、いずれにもスープは登場できます。炭水化物を控えたい時にもスープは強い味方です。

野菜嫌いな小さな子も、野菜をすりつぶしてポタージュにするとスルスルと飲んでくれたり。そして、ポタージュは色合いを楽しめます。ふたつの素材を組み合わせて見た目を華やかにしたり、季節のものをストレートに味わえたり、とにかくスープは偉大だと思います。秋のきのこや、根菜類、冬のカブやカリフラワーなどの素材はシックな色合いになり、目から暖かさを感じ、まるでストールに包まれるような気持ちになります。

そして、ポタージュだからといって洋風にすることもありません。野菜と鰹出汁で、和風ポタージュにも。すり流しという和食の料理を気軽に作るような感覚で作るのもいいわけです。

肉好きの友人が「スープでおなかがいっぱいになるなんて、もったいない」と、スープ嫌いを公言していましたが、野菜の持つ甘みや旨味を生かしたスープの懐の深さを知ってからというもの、「スープって偉大ね」と言うようになりました。

食卓には、なにかしら汁ものがあるといいですね。ひと皿に集約されたおいしさがありますから。

習慣を疑う――野菜編

野菜についても、いままでの習慣を疑ってみます。キュウリでも大根でも、レンコンでもいいのですが、いつも、同じ切り方をしていませんか。野菜を手に取り、見て、どういう切り方ができるか、あらためて考えてみます。大根をピーラーで、薄くけずってみる、レンコンの輪切りを棒状にしてみる、キュウリの皮を全部むいてしまう、すりおろしてみる。切り方ひとつで食感や味わいが大きく変わります。

火の入れ方でも素材は変化します。火を入れないと食べられないと思っているものを生で食べてみる、逆に、生でおいしいと思っているものをよく火を通してみる、というのも変化です。色よく仕上げることが使命のような青菜も、色があせて、クタクタになるまで火を通してみるとどうだろう？　味わいは、食感は、どんなふうになるのか。切り方、使い方を決めてしまわずに、あらためて素材と向き合う。よさがまだまだ、あるなぁと思います。

葉野菜のサラダはつくらない

野菜料理はたくさんつくりますが、レタスのサラダのような、いわゆるグリーンサラダというものはほとんど、つくりません。レタスやサラダ菜、グリーンカールなど葉っぱだけのサラダはどこか味気なく、冬の寒い時期などは体も冷えて、もってのほか。野菜を生で食べるのであれば、時期も考えたいところです。葉野菜のサラダもタンパク質を加えたり、ナッツ類で食感や味わいをふくよかにしたり、工夫をすればおいしいものになります。

また、葉野菜のサラダはシンプルだからこそ、丁寧につくろうなければ、おいしくありません。水っぽくならないようにしたり、オイルと塩加減やビネガーの酸味のバランスなどコツと細心の注意が要ります。適当につくった葉野菜のサラダには、どうも好感が持てないのです。サラダのように野菜を生でおいしく食べるなら、別のアプローチもあることを伝えたいと思っています。

野菜を生で食べると新しい発見があります。ふだん、火を通してしか食べていないものを生で食べてみます。たとえば、ズッキーニ、冬瓜、カリフラワー、セリ。どれも火を通したおいしさは、想像するだけでニヤニヤしてしまいますが、それに匹敵するくらいに、生のよさがあります。

ズッキーニはごく薄く切ります。スライサーで薄切りにしてもいいくらい、輪切りだったら水にさらした時に反り返るほどの薄さです。シャクッとした食感は生のズッキーニにしか出せない魅力があります。オリーブオイルと塩、それにチーズと黒こしょうをかければ、パクパクとたくさん食べられます。

冬瓜もピーラーで薄くけずるようにします。形はさまざまでも薄さが均一であれば皿の上に重なるように盛りつけると食感も見た目も楽しく、スダチやライムといった青い柑橘果汁をたっぷりとかけて、ごま油と粗塩で仕上げます。これは水分補給のようなサラダになります。

カリフラワーは小房でフリットにしてもペースト状にしてポタージュにしてもとろけるようで火を通した味わいには魅力を感じますが、生も格別です。株ごと大きいまま、包丁でできるだけ薄く切り、魚のカルパッチョのように皿に平らに並べます。上に、細かく刻んだアンチョビーやオリーブ、ハーブなどを散らすとカリフラワーの淡白な味わいとコリッとした食感がクセになるサラダが出来あがります。

セリも鍋の時期には欠かせない素材ですが火を通さずに、リンゴや干芋と一緒にサラダにするとセリの独特な香りが口いっぱいに広がります。

生で食べる時に大切なのは食感ですから、厚さなど切り方に工夫が要ります。どういう切り方だと食感が生かせておいしいと感じるのか。切り方ひとつで料理のおいしさは変わってきます。そこを考えるのが料理のおもしろさなのです。

逆に、レタスは火を通したほうがレタスらしさを感じます。豚肉とレタスをしゃぶしゃぶにしてみると、シャキシャキ感はそのままに水っぽさが抜けた味わいを感じます。炒めたレタスも甘さを味わえて、好みです。

さまざまな野菜に対する先入観を捨てて、火を入れる素材と決めつけずに生で食べてみる、生で食べる素材に火を入れてみる、というように柔軟さが料理の幅を広げてくれます。野菜はまだまだ新しい味を生み出す可能性を秘めています。

漬けもの

私はあまった野菜は、漬けものにします。

樽で漬けこむような漬けものは、東京のマンション住まいでは、むずかしいですが、浅漬けなら、昆布と塩、お酢さえあれば、簡単につくれます。千枚漬けのように薄く切ったカブや大根を昆布の粘りと旨味を利用して塩漬けすれば、ごはんがとまらなくなるほど。白菜は塩でなじませて重しをして水分を出し、水気をしぼり、黒七味をふって、またしばらくなじませておくとすばらしい浅漬けが完成。赤カブが出回る時期には、酢を効かせた浅漬けに。どれも、どこの漬けもの屋さんのものかしら？　という出来栄えです。

私は、なるべく添加物は摂りたくないと思っていますが、それはごく自然にまかせている程度ですから、神経質になるほどではありません。でも、買い物の際には裏面の食品表示は見ます。あれこれとカタカナでおよそ、口に入るものとは思えないような怖そうな文字が並んでいると、棚に戻します。そこまでして食べなくていいか、というのが正直なところ。

気になるのは漬けものとおせんべいの添加物。シンプルなものに、どうしてここまでいろいろ入れなくてはいけないのだろう？　と思います。なので、漬けものは自分で作ることにしています。二、三日で食べきってしまう量であれば、塩の量も加減できます。あまった野菜の端っこで出来て、ちょっとした箸休めになります。

同じようにピクルスも野菜の端っこでつくれば、朝ごはんにも、ワインのお供にもなります。漬けものとピクルスは常備してあると助かるものです。あまった野菜の端っこは、ありがたいなぁといつもだいじにしています。

包丁の切れ味

包丁の切れ味について。実家では、包丁を研ぐのは祖父の仕事でした。ふだんは台所なんかに立たない明治生まれの祖父が着物にたすきをして、家のすべての包丁を研いでいました。

料理の仕事をするようになった頃の私は、見よう見まねで仕事道具である包丁を研いではいたものの、切れ味が格段によくなった実感を持てず。「ステンレスの包丁は研ぎにくい」などと言い訳をするかのように、買った先へ定期的に研ぎ直しに出すだけになっていました。

ところが「いままではなんだったのだろう?」と思うほど、「包丁の切れ味」に革命がおきます。それは「研ぎ教室」へ参加したことがきっかけでした。ふだん使っている包丁を持参しての実践でしたから、いつもの切れ味がどこまで変化するか、とても楽しみでした。

二本の包丁を研いでいる間、それはもう真剣そのもの。はじめは、なかなかスムースに運ばなかった手先も一時間もするとスッスッとなめらかに動かせるようになり、無心に研いでいました。達成感もあり、気分もとてもよかったのです。

「早くなにか切りたい！」という衝動にかられ、キュウリ、ニンジン、大根……冷蔵庫にある野菜を切り始めたら、もうそれは歓喜の声をあげずにはいられないほど。ストン！　と落ちる包丁の重み、音。野菜を切っているだけなのに切れ味のよさに思わず、笑ってしまいました。

野菜が切られたことに気づいていないような鋭い断面。舌にのせてみると吸いついてくるシャープな舌触り。昨日まで食べていた、ぬか漬けの野菜の味がおもしろいくらい違うものに感じられました。

千切りのなますなどは、おいしさのレベルが格段に上がります。素材の切り口は料理の味に大きく影響する、そんな基本的なことをどこかで忘れてしまっていたように思いました。

それからというもの、切れ味のよい包丁で食材を切ることが楽しくて仕方がありません。祖父のように楽しみながら、包丁を研ぐようになりました。

果物を料理に使う

果物を料理に使う、これは好みが分かれそうです。女性は食に寛容と言いますか、チャレンジングなところがあります。知らない味を知りたいと思う好奇心が旺盛です。一方、男性はというと、料理に果物が入っていることなどを好まず、どちらかというとコンサバな味覚の人が多いように思います。

果物を料理に使うと言葉にしてしまうと、あまりおいしそうなイメージではないなと正直、思います。しかし実際に数多く料理をしていると、果物は果物として捉えるだけでなく、甘みや酸味のある素材のひとつとして見えるようになってきます。もっとも野菜と違うところは果物の持つサイズ感や形、色合いです。果肉の食感もしかり。

果物の持つ色合いは魅力的です、酸と合わさるとピンクに変色もしたり。小さくて、赤い、黒い、甘酸っぱい、ラズベリーやブルーベリーを料理に使ったら途端に見え方が変わります。ベリー系は肉にも魚にもよく合います。白身の刺身にマリネしたラズベリーをのせたり、焼いた牛肉にブルーベリーをちらしてみたり。奇をてらうことをするつもりはありませんが、果物には料理に及ぼす大きな力があると思います。

酢豚にパイナップル、ポテトサラダにリンゴがなぜ定番となったのかはわかりませんが、もう少しアップデートして果物を素材、味つけの調味料として捉えてみるといいと思います。パイナップルやマンゴーのような南国の果物は果肉のやわらかさや酸味、甘みを生かしてソースにする。リンゴや梨はすりおろして肉の漬け込みだれの甘みにする、ドレッシングの甘みや酸味、とろみにするというように調味料として捉えることもできます。

出回る時期が短いプラムやスモモなども、みょうがや青じそと合わせてみたり、青魚と合わせてみたりと、大胆に料理に使います。旬が同じものは相性がいいと感じます。

秋の果物、イチジクや柿、梨などは和食に向きます。イチジクや柿の白和えやごまだれがけ、梨の和えもの。これは昔から日本料理にあったものです。趣向をこらすというのは、こういうことなのだろうと思います。私は最近、金柑はそのまま食べるよりも、カブなどと一緒に、浅漬けにするのが好みです。果物は初もの、出盛りが見てとれて、気がつくと姿を消して、また来年。というように、旬というものを教えてくれるよい素材だと思います。

以前、秋田に漆器の取材に行った時、とても親切にしてくださった取材先の方が地元の料理屋さんに連れて行ってくれました。そこで出てきたのが小粒のイチジクの天ぷら。皮をほんの薄くむいて丸のまま、これまた薄い衣をつけて揚げたもの。ほぼ素揚げに近いような印象でしたが、熱々でとろりとしていて、イチジクの甘みが口いっぱいに広がり、夢のようなおいしさでした。イチジクが熱々になると、こんなにとろりとしてジャムのようになるのかと、驚きとおいしさに目を丸くしました。東京に戻ってからつくってみたいと思いましたが、丸のまま揚げるので、小粒のイチジクでないとできません。

秋田のその地方ではごくふつうにあるもののようでしたが、東京で見かけるのは大きなものばかりです。その土地でしか味わえないおいしさがあるのも素敵ですが、再現できたらいいなぁと、晩夏から秋の始まりに、小さなイチジクを探すようになりました。

旬のものと、常備しているもの

味覚と季節に合った調理法

トマトやキュウリ、ゴーヤ、スイカなど夏の素材は、体の火照りを取り熱を下げる効果や利尿作用があります。体を冷やしてはいけないとよく言われますが、夏の体は熱が内にこもっていることも多いですから、体の熱を取り除く素材を食べてバランスがとれるわけです。

春は体にたまったものを外に排出する、毒気を出す意味からほろ苦さやアクの強い素材を食べ、秋から冬には体を温める根菜やショウガなどを摂るようにする。

食べ物で、暑さや寒さを乗りきるというのはとても理にかなっています。旬のものを食べる意味があることを知れば、季節外れのものを敢えて食べることはしなくてよい、と思うようになります。

最近、スーパーの野菜コーナーには、季節の違うものが並んでいて違和感を覚えます。冬に、夏のトウモロコシや枝豆があり、冬の終わりには早々とグリーンピースやこごみのような春のものも並んでいて、どれが旬のものなのか、わかりづらいことになっていて悲しい限り。私は料理をする上でなにより、季節感を大切にしたいと思っています。旬のものを食べること、季節を感じること。それは食べることで体はつくられていて、日々の元気もつくられるからです。そして食卓で季節を感じることは、とても豊かな気持ちになります。

味覚においても季節感は大きく関係しています。素材だけではなく、調理法もとても大事です。体が欲している味覚は季節によって違うと思います。個人的な感覚の違いもあると思いますが、焼くという調理法についてくるのは、香ばしさや焼き目といった味わい。この焼き目も味のうちで、夏によりおいしいと感じる味覚のように思います。

暑さで汗をかいた体が欲しているのは塩気や酸味だけではなく、焼き目の香ばしさも夏に欲する味覚につながると感じます。冬は焼き目よりはやわらかな丸みをおびた優しい味わい。ゆっくりと火の通った塩気のあまり立っていない味わいやとろみのあるものが、体になじみ、おいしいという味覚につながるように思います。

塩気をどのタイミングでつけるかというのも季節によって変えています。塩味を最後につけるのではなく、途中でととのえておき、最後は丸みのある味わいに仕上げることも、冬の料理に心がけていることです。逆に夏は最後に塩気を少し、残すように仕上げて、わざと塩気を最初に感じるようにします。すべての料理にということではありませんが、このようなことでも体の受け取り方は変わります。たとえば、夏はとろみのあるものは邪魔に感じます。秋や冬はそのとろみがおいしく感じます。根菜は体を温めるなどの素材が本来持っている特徴以外に、調理法でも季節感を求めたい。体にスッと、ストンと、落ちるような料理をつくりたい、そう思うようになりました。

肉、魚の使い道

野菜のほかにレシピづくりでは鶏肉や豚肉はもちろん、牛肉も使いますし、時にはラム肉や鴨肉を選ぶこともあります。なかでも、鶏肉、豚肉を使うことが多くなります。どちらも日々の食事で最多の登場回数ではないでしょうか。ドーンと肉料理をとなると、レパートリーがなかなか増えないということがあると思いますが、肉だけではなく野菜を合わせて一品にする、肉は出汁のでる素材として捉えると、自由が広がります。

とくに豚肉はいい出汁がでます。そんな時、旨味を引き出しつつ、薄切りの豚肉自体もパサつかないようにしたいもの。酒や片栗粉で豚肉をコーティングしてから火を入れれば、パサパサにならずに口当たりもよく食べられます。煮込みやスープにすれば豚肉の栄養も逃すことがありません。豚肉は塊で使うこともよくあります。丸のままのカブやジャガイモ、大きめにカットしたレンコンなど、じっくり火を通したい根菜とオーブン料理にしたり、厚手の鍋で蒸し焼きにしたり。ブドウやリンゴなどの果物とも相性がよく、秋には、決まって豚肉と果物をつかった料理をつくります。

鶏肉も淡白な良さを生かして、すっきりとした旨味を野菜に移すようにします。手羽元や手羽先のように骨つきを使うのもいい出汁がとれて、食べ応えもある料理になります。

手羽先と冬瓜をあっさりと塩味で炊くと冬瓜が鶏肉の旨味を吸い込んで、滋味深い味になります。塩を梅干しに替えてみてもまた味に奥行きが生まれます。これを冷蔵庫で冷やしておくと夏の冷やし鉢になり、涼がとれてよいものです。

豚肉も鶏肉も、茶葉をつかって煮ると、味わいが変わっておもしろいもの。番茶とみりんと醤油で煮ると、いわゆる照り焼きのような、ただ甘辛いだけではない深みがうまれます。お茶の成分、渋みをうまく利用するわけですが豚肉には紅茶、鶏肉には番茶が合うと感じます。塊肉を煮る時も鍋の空いたスペースがもったいないですから、なにかしらの野菜を忘れずに入れます。肉料理にはプラス野菜、とすると、相性のよさや組み合わせの幅が広がります。

魚は旬が伝えやすいので、季節のものを使います。

秋刀魚や鰯がこんなに高級な魚になるとは思いませんでしたが、つくるのも食べるのも魚離れがあるようで、さびしい限り。スーパーやデパートの魚売り場には「骨が全部抜いてあります」と書かれた札が立っています。初めてその札を見た時は驚きました。骨を取り除くって、どうやって？　と。食べやすく、安全なのかもしれませんが、骨抜きの魚を私は買う気がしません。一方で、魚を丸のまま売る魚屋さんも最近、人気があるとか。

丸のままなら、どんな姿をしているか、どんなところに特徴があるのか見ることもできて、いいなと思います。どんなふうに調理しようか、想像もふくらみます。私は独立してから、魚料理を習いに行きました。魚のおろし方を学びました。

何尾もおろして手で覚えることが上達の近道だと思い、迷わずに通いました。新鮮な魚の選び方や、旬の時期はいつなのか、骨や皮、ウロコの特徴など、触れることで知ることがたくさんありました。

日々素材選びはたいへんでもあり、楽しいことでもあると感じていますが、魚は、脂がのっていておいしそうだなと、新鮮でおいしそうだなと、選びとる力がつく素材だと思います。おいしそうな魚があったから、今夜は肉じゃなくて魚に変更！　なんていうことは、よくあります。献立を決めてから買い物に行くのではなく、まずは自分の目でおいしそうだな、食べたいなと思ったものから、献立を組み立てていけるようになるといいと思います。

卵は火加減と時間がすべて

季節に関係なく、冷蔵庫に常備しているものの中でトップにあがるのが、卵ではないでしょうか。卵は日々の食卓に欠かせない肉、魚、野菜といった主となる食材の助けとなる素材ですが、じつは卵にも旬があって、春といわれています。

料理雑誌によく特集される、〝卵さえあれば〟、というフレーズも納得です。卵を使うたびに、いいポジションにいるなぁと感心します。なにかもう一品ほしい時にも、彩りにも、その場を華やかにし、満足感も十分にあります。そして朝ごはん、昼、夜といったどんなシーンにもどこにでも登場し、栄養価も高いだなんて、すごいと思います。

定番の卵料理も、ちょっとした手間と気遣いをするだけで出来あがりに差が出ます。ゆで卵はその最たるもの。ゆで卵は茹でるだけが工程ですから、茹でる時間に注意を払います。沸騰した湯に静かに沈めて、七分四〇秒が茹で加減のマイベストタイム。七分三〇秒でも五〇秒でもありません。そう、一〇秒の差でも黄身の状態は変わりますから、好みのタイムを知ることから始めます。ただのゆで卵に大袈裟な……と思うことなかれ。冷たくしてしまうか、ほの温かいまま頬張るかは好みですが、茹でたてのほの温かな状態で食べると、たかがゆで卵、されどゆで卵、と思い知らされます。

このように卵は時間や火加減がおいしさを左右します。オムレツは強火で一気に思い切りフライパンも箸も動かしながら仕上げます。ふんわりの秘訣は強火で一気に。それに対してスクランブルエッグはというと、繊細に、です。一気に箸で細かく混ぜてつくっていた母のスクランブルエッグはあれは炒り卵ですね、と今になって思います。スクランブルエッグはごく弱火でじっくり、まわりから固まってしまわないように木べらをゆっくり動かします。湯せんにかけてつくることもあります。時間でいうと卵の量にもよりますが、一五分〜二〇分ほど。ようやく、まとまるようにつくります。

卵はねっとりとして、卵ソースのような状態に。液体が最初の半量以上に煮詰まっていくのでほんの少ししかできません。そして、とても濃厚なものになります。ひとつまみの塩だけでも味が煮詰まっていくので、塩気を十分に感じます。濃厚な卵ソースのようなスクランブルエッグはたくさんの量は食べられませんが、卵が成し得る最強の変貌ぶり。これが卵？　と驚きます。時間と火加減でまったく違うものになるので、卵はおもしろいです。

茶碗蒸しも卵の状態ひとつで味わいが変わります。出汁とのバランスでも出来あがりが変わります。できるだけたくさんの出汁を使ってつくる、とろとろの茶碗蒸しは卵だけで十分なおいしさ。えび、銀杏、しいたけといった茶碗蒸しの定番の具材ですら邪魔に感じます。弱火でゆっくりと蒸し、ギリギリ保っているようなとろとろ、しっとりとした茶碗蒸しに仕上げます。そこに、ショウガの効いたあんをたっぷりかければ、この上なくシンプルで品のある卵料理になります。

卵は身近で、手頃な食材ですが、ちょっとした時間や火加減を慎重にするだけで、出来あがりが格段に変わりますから、適当にせず、手をかけてみてください。卵の偉大さと可能性がよくわかります。

食感を味わう

ことあるごとに、ナッツ

料理の味において、食感はとても大事です。「おいしい」に直結する感覚です。食感も味のうちですから、野菜の茹で加減や肉の火の通し方も味につながります。切り方も食感に直結します。ですから切り方、火の通し具合も気を配らなくてはいけません。なめらかに仕上げるのも食感ですし、かたく、かみごたえのあるように仕上げるのも食感です。

私はやわらかいものにあまり興味がなく、とにかくかたいものが好みで、長年通っている歯医者さんからは、歯を大事にしたいのならば、食感を求めるのではなく、やわらかいものの旨味を追求しなさいと、助言されたこともあります。

なめらかなものも、かたいものも、それぞれに食感の大切さがあるのですが、私はかたいもの、カリカリしたものやパリッとした食感を求める傾向があり、ひとつの料理の中に、プラスしたい食感として、カリカリしたものやサクッとしたものを取り入れることが多くなります。ちょっとしたアクセントといった具合です。食べた時、これはなんだろう？ と口の中で思考が働くのです。

なめらかさの中にアクセントとなるものがあると、素通りしないで、おいしいという味覚につながっていく、そんなイメージです。もちろん、スッと消えてなくなるような仕上げにしたい時は、食感のアクセントは必要とせず、味のアクセントを生かします。

食感をプラスするということはアクセントをつける、ということなので後付けです。ベースがあって、そこになにかアクセントとなるものがあったほうがいいなと思った時に、プラスする素材を考えます。

わかりやすいところでは、ナッツ類。私はなにかというと、ナッツを多用する傾向にありますが、ここは使いようで強弱はつけていきます。アーモンドはとても使いやすく、わかりやすい食感につながります。ローストしたアーモンドをやや粗めに砕いて、炒めものや和えものに使うと、おもしろい食感につながります。甘辛く炒めた肉みそに、アーモンドを加えると肉みその間に空間が生まれ、濃厚な味わいの中にカリカリとした食感が生きてきて全体が軽くなり、バランスがとれていきます。

アーモンドをもっと細かくして和えものに使うとごま和えとは違う濃厚な和えものができます。青菜のアーモンド和え、紅白なますにもプラスすると、これもまた、深い味わいになります。粗く、細かくという砕き方に食感は大きく影響しますから、ここにも気を配り、どう仕上げたいかという味の想像をしておきます。

クルミは和食にもお菓子にも昔から使われていますから、アーモンドより、もう少し使い勝手に馴染みがあるものかもしれません。ただ、意外に皮が食感の邪魔をします。ローストをしてある程度、皮を取り除いて使うとよいのですが、隠し味というよりは主張もするので、相性のいい素材をみつけることが大事です。チーズやクリームといった乳製品と相性がいいと感じます。

カシューナッツも食感を補いたい時に使います。味の主張というよりは、コクにつながります。白和えをつくる時に、豆腐に混ぜて使ったりもします。水切りした豆腐に細かく刻んだカシューナッツを混ぜて塩で味をつけます。さっぱりとした和え衣なので夏野菜の白和えに向きます。コクも加わっているので調味料は塩だけで十分です。

素材の味との相性を見極めて、砕く粗さや細かさを使い分けながら、食感にアクセントを持たせます。ナッツに限らず、乾物などにも、食感につながる素材を探してみると、おもしろいです。

クセになる乾物

乾いたもの、干したものの良さは栄養価にありますが、ここでも私は、食感を求めます。気に入っているのは干し大根。切り干しではなく、花切りとよばれる輪切りを干したものを好んで使っています。このコリコリ、パリパリとした食感がクセになるのです。あまった大根を皮付きのまま輪切りにして数日、ザルに広げておけば自家製干し大根も簡単にできます。乾物として売っているもののようにパリッパリとはいきませんが、余すことなく使い切れて、良いものです。

干し大根と聞くと煮ものかな？　と想像しますが、この花切り大根はもっぱら、サラダのような和えものに使っています。熱湯で二〇分ほど戻し、しっかり水気をしぼったら粗塩、柚子の果汁、はちみつでなじませます。甘酸っぱい漬けもののような、サラダのような、和えものができます。冬はこれを飽きずによくつくります。

そしてもう少し大胆になって、戻して水気をしぼった花切り大根に、ブルーチーズと春菊を合わせてサラダにします。調味料はオリーブオイルと米酢、粗塩をふるだけ。ワインにも合うひと皿になって、いつも茶色い煮ものになっていた干し大根が、なんだか晴れ舞台に立ったような感じさえします。また、ねっとりとやわらかな、あんぽ柿と和えものにしてもコリコリとした食感の大根とアンバランスなリズムが出て、おもしろい一品になります。この乾物のよさは食感を生かすことにあります。

もうひとつ、よく使う乾物がキクラゲです。やはり栄養価も高く、美肌効果もありますが、なにより食感と味わいに魅力を感じます。戻してさっと茹でた黒キクラゲは刻んだ香菜と白ごまとごま油、醤油で和えると、どんぶり一杯食べてしまいそうです。

さらに、キクラゲの食感を生かすなら、細切りにして使います。豚ひき肉と混ぜて肉団子に入れます。平らに丸めてさっと焼きつけてから、スープや鍋ものに入れると旨味も出て、肉団子の中にキクラゲの食感がコリコリッとしてまるで、軟骨入りの肉団子を食べているようです。他にも旨味の強いものとの相性も良いです。トマトとキクラゲ、卵とキクラゲ、豚肉とキクラゲと挙げればキリがないくらい、キクラゲには仲間がたくさんいます。仲間をみつけてシンプルに食感を生かすというように考えていくと料理の幅が広がります。

ストックできて便利で栄養価の高い乾物をただ、煮ものにするだけではもったいない。食感の素材として捉えると使い道が増えます。

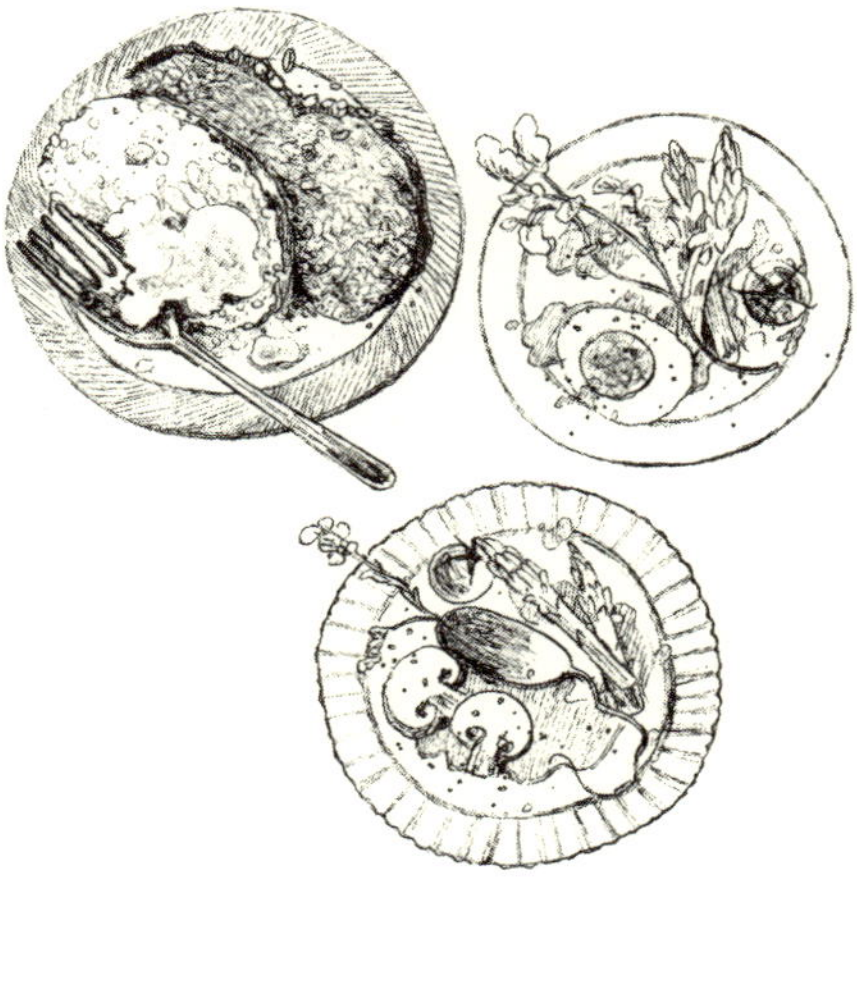

揚げものをもっと、つくろう

油はなにを使っているか、よく聞かれます。基本的にはオリーブオイル、ごま油、米油の三種類です。オリーブオイルはサラダにもマリネにも炒めものにも、煮込みにも。ごま油は和えものの、炒めものに、コクや香りがほしい時に使います。米油は炒めものや揚げものに使っています。

最近は揚げものは食べるのも、つくるのも敬遠されがちですね。カロリーが気になる、太る、とか、キッチンが汚れる、油の処理がたいへん、とか。理由は確かにあって、わかります。でも、なんで？　おいしいのに！　と思うのです。じつは揚げものが大好きです。熱々、揚げたてのおいしさは、たまりません。

食べて罪悪感を抱くのは、なぜいつも揚げものばかりなんでしょうね……。揚げたてを食べるとサクッと香ばしく、カラリとしていて、油切れがいいものは罪悪感を感じる間もなく、おなかにすっと収まります。お惣菜として、揚げたものを買ってきて温め直すと、それはじんわりと染みこんでくるようにベタつきのある油っこさを感じ、それを食べると途端に、あぁ、なんか揚げもの食べちゃっている私……、となるのではないでしょうか。揚げたてのおいしい瞬間を食べれば、揚げものに対する罪悪感よりもおいしいものを食べた！　という口福を感じるはず。揚げたてを食べるには、どうするかというと、つくるしかないのです。

もちろん、お肉屋さんの店先で売っている揚げたてをその場で頬張ることも、できますけれど。

私は揚げものをつくるのも好きです。カラリとうまく揚げられると、うれしいもの。というのも、仕事を始めた頃はうまく揚げられなくてベチャッとなってしまい、揚げものってむずかしいなぁと思い悩む時期があったからです。はじめからうまくできたわけではありません。それがいつからか、揚げもの上手だよね、と言われるように。料理家の友人からも揚げもの名人！　と呼ばれるようになって、おもてなし料理の時には必ず一品、季節の揚げものを入れるようにしています。すると、出た！　揚げもの名人！　なんていう声が飛ぶのです。お調子者の私は気をよくして、次はどんな揚げものにしようかな？　と考えるのが楽しくなっています。揚げものは季節を閉じ込めることができるのも良いところだと思います。秋の根菜、里芋を丸めてコロッケにしても、はたまた、つぶした春のジャガイモの中にさっと煮たアサリを閉じ込めてコロッケにしてもいい。

コロッケじゃなくとも、かき揚げとなれば、季節を集めた組み合わせで遊ぶこともできます。春には新ジャガと新ワカメと桜エビを、夏にはトウモロコシとオクラにスパイスを効かせて、秋にはサツマイモとエリンギを海苔と合わせて、冬にはカリフラワーと柚子の皮、なんていうように組み合わせは自在です。かき揚げには薄い衣で季節のものをまとめる楽しさがあります。

薄い衣というのがポイントです。衣が多いとその分、油分を含んでしまいますし、せっかくの素材の味が衣に邪魔をされてしまいます。かき揚げの衣は素材と素材をギリギリくっつけるくらいに止《と》めます。衣をつくるというよりは素材の中に粉をふり、水分でつなぐ、という方法です。粉は薄力粉と片栗粉を合わせます。片栗粉はカリッとなるよい働きをしますが、入れすぎはガリガリッと硬くなってしまうので要注意。水分もほんの少しです。素材からの水分も考慮して、ようやく全体の粉っぽさがなくなるくらいにします。さて、揚げていきます。

揚げものが敬遠される理由に、キッチンが油で汚れるから、ということをよく聞きます。油が飛び散るのは仕方ありません、炒めものでも飛びます。油の処理も面倒というのもよく聞きます。私は揚げものはフライパンでしています。専用の揚げ鍋は持っていません。そして油漉し器もありません。少ない油量でもカラリと揚げられます。ディープフライを家でするのはたいへんになってしまいます。からフライパンで気軽に、つくります。できたてのおいしさというのは、料理の基本ですが、中でも揚げたてのおいしさは、格別です。

おいしいものを食べるためには、楽ばかりはしていられません。

なにはなくとも、米料理

野菜、野菜と言っていますが麺やお米といった炭水化物も大好きです。おそらく食べ飽きることはないでしょう。生涯の最期に食べたいものも炊きたてのごはんでにぎった塩むすびです。

そんなことはさておき、世の中、炭水化物も控える傾向にありますね。小麦を控えている人も、お米を控える人もいます。健康のため、食べ過ぎは、なににおいてもよくありませんが、まったく食べないというのもなかなかにストイック。という私も、家での夕食時は炭水化物をほぼ食べません。肉か魚をメインに、野菜のおかず数品だけにすることが多いです。我慢しているわけではないのですが、夜は寝るだけですから、良質なタンパク質と野菜だけのほうが体も楽といった具合です。その代わり、昼は麵やごはんをしっかり食べています。一人で仕事をしていた頃はお昼ごはんを食べず、一日二食ということも多かったのですが、いまはスタッフがいるので、お昼ごはんを食べる習慣がつきました。はじめは食べると眠くなってしまっていたのですが、いまではお昼をしっかり食べると夜が軽くて済み、年齢的にもこのほうが合っているようです。スタッフとふたりでもお米を二合、炊いてしまうのは、いかがなものかと思いますけれどね。

またまた、こんな話はさておき、お米料理はつくることも好きです。

炊き込みごはんや混ぜごはんは、素材の組み合わせの妙と炊き上がった時の食感と、色合い、季節感。くり返しになりますが、季節を感じられるのも、炊き込みごはん、混ぜごはんの魅力的なところ。『春には豆ごはんを炊く』というタイトルの本を出しましたが、その季節になるとくり返しつくりたくなるのが、炊き込みごはんのよいところです。春の豆ごはんに桜鯛を合わせてみる、夏にはトマトやトウモロコシを、秋は鮭ときのこやナッツ、冬は里芋とセリなど、季節のものをお米と一緒に炊いてみるだけで、食卓が華やぎます。ごはんは、どんな素材も受け止めてくれるおおらかさがあります。

お米は茹でて使うことで、またごはんとは違った使い方もできます。茹でたお米は粘り気が抑えられ、サラダのように素材として捉えることができます。玄米や黒米、赤米といったものはとくに野菜のような感覚で使うと幅が広がります。ひき肉の炒めものの中に食感の一部として茹でたお米を入れてみる、ハンバーグのタネに茹でた黒米を混ぜても、プチプチとしておいしい。

ニンジンやカリフラワーのポタージュにごはんを少量、加えてとろみの足しに使うのも良いです。ミネストローネのようなたくさんの野菜の中にお米を野菜として捉えて、加えてみるのもいいわけです。

朝ごはんには、お米を少量入れたサラサラのスープのような、白湯のような、おかゆもいいものです。起き抜けの体に優しく、すんなりと入っていきます。

白い炊きたてのごはんのおいしさは何にも勝りますが、お米を炊くだけではなく素材として少量を使ってみるとまた別のジャンルのトビラが開かれます。お米にもまだまだ隠れた魅力がありそうです。

盛りつけについて

料理を供する時に気にかけることは盛りつけです。

盛りつけによって、感じる「おいしさ」は大きく変わります。

できた料理をおいしそうに見せること、食べる前に目で楽しんでもらうことは、とても大事だと思います。盛りつけには、個性や癖も出ますし、その人らしさというものも出ます。

アシスタント時代、撮影がおわった料理を器に移し替える時に、かなり訓練しました。実際は、はやく移し替えるのが仕事なので、なんでもいいのかもしれませんが、その中でも器の大きさや色、柄には、いつも気を配っていました。それから、どのように盛り直すかも。なんでもいいと言いながらも、なんでもいいにはならない。おいしそうに見えないと、気になって仕方がありませんでした。

また、器は料理を盛って完成すると思っているので、あまりに個性のあるものは選びません。器だけで成立しているものより、料理を優先します。食材には色がありますから、私は白い器を選ぶことがほとんどです。白の中にもやわらかさや清らかさ、温かみのある白、冷たさを感じる白、というように、白もひとつではありません。

大きさも大事です。いかに余白を生かすかが、おいしく見えるポイントです。大きいお皿だからたくさん盛ってしまえ、ということはありません。そして広げて盛るより、少し高さを出すようにします。盛る時にふちがよごれてしまったらきちんと拭きます。心掛けていることは、とても些細なことですが、おいしい見た目は大きな違いになります。

どのように盛りたいかで素材の切り方を変えたりもします。撮影時、料理を決めるより先に使いたい器がある時はなおさらです。野菜を長いまま使おうかななどと、想像をふくらませます。

三〇代になってから、洋服にお金をかけるよりも器にお金をかけて、作家ものの器をたくさん集めた時期がありました。個展にも足しげく出かけ、自分には必要なものだと奮発して買い求めました。作家ものの陶器は西麻布の桃居《とうきょ》や西荻窪の魯山《ろざん》で、古い器は恵比寿の antiques tamiser（アンティークス タミゼ）や麻布十番のさる山などに通いました。磁器は九段のうつわ花田に。ここは三宅菊子さんに教えてもらったところです。

日本の作家ものと、フランスやオランダなどヨーロッパの古いものを、すこしずつ集めて、いまに至っています。

家の料理

友人の料理家、細川亜衣《あい》さんが熊本で暮らし始めたのを機に、訪ねることが増えました。熊本では、形が不揃いでも、無農薬でなくても、採れたてで味のしっかりある野菜のおいしさに、いつもハッとします。素材がいいと料理も手をかけすぎず、自然と素材を生かしたものになります。東京に戻ってくると、形だけはきれいに揃って、味気のない野菜に少々料理の意欲を削がれますが、そうもいってはいられません。この野菜なら南のほうがおいしい、この野菜なら北のものを使いたいなどはありますが、ブランド野菜に興味があるわけでもありません。

レシピを提案する側としては、どこで買った野菜でも、特別な材料でなくても、おいしくつくれるレシピを伝えたいと思っています。

家庭料理に決まりはありません。和食でも洋食でもジャンルにとらわれる必要も感じませんが、私の料理は和食がベースにあります。でも、和食の時にオリーブオイルも使いますし、バターや赤ワインビネガーも用います。鰹出汁にバターや赤ワインビネガーはとても相性がいいのです。旨味の仲間として同じグループです。

出汁もいわゆる鰹出汁、昆布出汁、いり子出汁だけではなく、素材とうまく作用すれば、水も出汁になりえますし、お茶も出汁になります。旨味を引き出すということをどのタイミングで、どう引き出すか、ということが味につながるわけです。

シンプルになっていくことで、素材の本当の味に気がつくことにもなるでしょう。そこにほんのひと匙のなにか、コクや旨味につながるものをプラスする、それを探すのも、味を想像するのも、料理のおもしろさです。

隠し味というのはすごいな、とよく思います。隠し味のひと匙がふくよかな味わいになったり、着地させたい味につなげてくれるのです。決して、ひねりすぎてはいけません。隠れていられなくなりますからね。

素材から料理を考えるというのが私の家庭料理のあり方です。素材から料理を考えていくと、どう着地させたいか、想像することになります。

素材からであれば、季節を重視することもでき、新しい組み合わせが生まれることもあり、ベイシックなものにプラスするという発想もできます。また、素材を替えてベースは一緒という料理のバリエーションも増やせます。

料理はいつも、一からすべて新しいものを考えていくわけではなく、それまでのベースとなるものやバリエーションを生かしたり、足したり引いたりすることで、もうひとつ新しいものが完成する、というイメージです。ある程度の引き出しが増えてくると頭の中で応用が効くようになってきます。想像した味を体現するように料理をしていきます。家庭料理とは、その積み重ねです。

私は、おいしいものを家庭でも食べてもらいたい、そして、つくることが楽しいと思ってもらえるように、家庭料理というものにこだわり続けてきたのだと思います。お店で出てくる料理はおいしいけれど、毎日、食べたいものではありません。毎日、食べ続けられる味、それが家庭料理の魅力です。面倒な時は、無理につくらなくていい。今日はつくりたくないと思ったら、家族と外食をすればいいと思いますし、時には、出来合いのものに頼ってもいいと思います。

食に対して、食べられればなんでもいいという人もいれば、食べること、つくることに相当のこだわりを持っている人もいる。私が子どもの頃は、食事は家でつくるのが当たり前でしたが、いまは選択肢が増えました。出来合いのものを食べていて、体にいいのか、だいじょうぶなのかと思いますが、健康に気を使う人が必ずしも長生きするわけでもありません。添加物の入ったものを食べているほうが、もしかしたら体が腐らないのかもしれない、なんて、笑う人もいます。

食に対する価値観は人それぞれ違いますし、それぞれの家庭で食事に関する考え方も違って当然です。でも、小さな子どもがいたら、一緒に料理をするといいなと思います。手を使ってこねたり丸めたり、自分の手を動かして、一緒につくったものには、興味を持って食べてくれると思います。食に対するアプローチの仕方は、まだまだ、工夫のし甲斐があると日頃から感じます。

私の場合は、料理は誰かのためにつくるものです。じつは自分一人の食事の時は途端に、手をぬいてしまいます。納豆に漬けもの、温かいごはん。こんな朝ごはんのような食事、まるで休息日のようです。私にとって料理は、人と人の間にあるもの、コミュニケーションのひとつです。料理を介して、会話が生まれ、おいしさを分かちあえる。

だからこそ、それをつくる側にいる人は楽しんで料理をしてもらえたらいいなと思っています。自分で手を動かすことで素材が形を変え、出来あがったものを、喜んで食べてくれる人がいる。これほど身近な創作、クリエイティブなことはないと思うのです。

家庭料理は自由で、おおらかでいいと思います。体に正直に、食べたいと思う素材から、今日はこんなふうにしてみようかな？　なんて頭の中で料理を発想できるようになったら、レシピは無限です。調理法や味のイメージが頭の中で思い浮かべられるようになってくると、レパートリーが多い少ないという概念すらなくなって、料理は自由なものになっていきます。これとこれを組み合わせてみようかなと、即興料理のおもしろさを感じられるようになります。

3　これからのこと

本づくりの喜び

いまは、撮影をするとスタッフの中で私が年長ということが増えました。以前は歳上の人たちの中で仕事をすることがほとんどでしたが、そんな時もいつも同じメンバーで仕事をすることをなるべく、避けました。

「仕事になると線を引くよね。プライベートと仕事が重ならないね」とあるスタイリストに言われたことがありますが、それは当然だと思っています。

同じメンバーで仕事をする、たとえば写真家、デザイナー、スタイリストがチームを組んでいつも一緒というのを好む人もいます。仕上がりのクオリティがある程度、予測できるからかもしれません。ですが、私はどうもそれにはワクワクしません。

本をつくる時に、編集者がどんなスタッフと組みたいかを、聞いてくれるようになってからは、たとえば写真家なら料理専門の人ではない人にお願いしたい、アートディレクターはふだん、美術書をデザインしている人にお願いしてみたい、など、要望を出すようにしています。

編集部からするとそれはリスクでもあるので、申し訳ないなと思いつつも、せっかく自分の本をつくるのだから、新しいことにチャレンジしたくなります。ただ、これはかなりの冒険なので、デザイナーとスタイリストの方向性が合わなくて、困ってしまったこともありましたし、写真がおいしそうに見えなくて苦労したこともあります。でも、そつなくこなして、出来あがってもつまらないと思うのです。何も苦労ばかりではありません。いい化学反応が起きることも、もちろんあります。新鮮な気持ちで撮影に臨めて、料理をしていてもワクワクする気持ちになることもたくさんありました。新しい試みからなにか、ひとつでも光るようなものが見いだせたら、仕事としてうれしいものではないでしょうか。

どうして新しいことがしたいのか。自分が自分のイメージに縛られてしまう、自分自身がそのイメージに収まらなければいけないと感じる時期があって、その時そこを変えようと意識しました。こういうこともしてみたい、意外と思われてもイメージ通りの同じものではなく、違う要素を入れたい、そう思うようになっていきました。

そして自分も新しいことを得たい。その気持ちが常に強くあります。

独立したての頃は本屋さんに行ってよく料理書を見ていましたが、いまは見なくなりました。とくに洋書はビジュアルのインパクトが強く、盛りつけがアートのように美しいものがあるので、そのイメージに引っぱられます。そればかり見ていると、どこか自分の頭の中に残り、あたかも自分で想像したものであるかのように錯覚する可能性があります。

いままで出した本のデザインを数多くお願いしたデザイナーの有山達也さんからは、必ずはじめに課題を与えられます。「もう一歩、踏み込んで、どんな本がつくりたいのか考えて。それがわからないと、デザインできないや」と言われます。

そこは私が考えなければならない部分ですね、というように毎回ハードルがあってそれを超えなければはじまらない、というところがありました。厳しい方ですがやはり、次の本もお願いしたくなる、そんな魅力のある方です。

二〇一六年に『サンドイッチの時間』（マガジンハウス）でご一緒した、井上庸子さんも確固たる信念のあるデザイナーです。二〇代、ハックルベリーに出入りしていた頃に出会いましたが、本のディレクションをお願いしたのは初めてでした。本文のデザインまでとても細かくて、文字通り細部にわたってものすごく、強いこだわりがあります。絶対の安心をもってお任せできるのですが、妥協がまったくないので、やりとりはとても多く、現場はいつも刺激的でした。

いま、本として形にすべく活動していることがあります。版元を決めずにいつしか部活と称して、フラワースタイリストの平井かずみさんと写真家の大段《おおだん》まちこさんと「花と料理」をテーマに一年分、三六五カットの撮影をしています。本をつくるにあたって、出版社からのオファーがないのに撮影をはじめたことは今までありません。

デザイナーもライターもいませんが、三人で進めていくのですが、言いたいことを言い合い、ダメだしもし、自画自賛もしながらの現場。大段さんは雑誌『Olive』でも活躍していた憧れの先輩。平井さんは出会ってからまだ日は浅いのですが、なんでも言い合える仲です。花と料理をからめながらのカットもあれば、それぞれの領域でつくるカットもあります。大段さんは、いいと思わないとシャッターを切ってくれません。

「ふぅーん……これ？」とカメラ前の料理や花をみて淡々とした表情で、あ、そう。といった感じです。でも、こうしてみたら？　というアイデアをたくさん提案してくれます。それがまた的確で、私も平井さんもなるほど、と素直に今までの凝り固まった自分の殻を破ることができるのです。言い合えるのが部活のよさだよ、と大段先輩は言います。

料理にダメだしをされるなんていうことは久しくなかったので、だいぶ〝鍛えられる〟という感じ。まさに厳しい部活です。

久しぶりの本づくりは今までにない、自主練のようなことからスタートしています。

ダメだしの家系

料理をつくるきっかけのひとつに祖父の話をしました。祖父になにか、おいしいものを食べさせてあげたいと思ってお菓子をつくっていたことです。でも、その時に祖父は手放しで褒めてはくれませんでした。

それは父にも受け継がれていました。父が私にずっと言い続けていたことは、「手に職をつけなさい」ということでした。使い捨てになるような仕事、すり減っていくような仕事はしないでほしい、と。

歳をとっていけばいくほどに、いい仕事ができるように、自分のためにもなる仕事をしなさいと言われ続けてきたのです。

祖父、父に限らず、兄も姉も私がなにかをしても、褒めてくれることはありません。互いに褒めあったりもしません。

だからというわけではありませんが、仕事の上では、どこか褒められたい、と思ってがんばってきたところがあります。誰かに頼るのではなく、ひとりで頑張っているということに意味をもたせていた時もありました。いま思えば、肩肘張っていたなと思います。

夫とは仕事を通じて、出会いました。

二〇一二年に『衣・食・住　おとなの備え』（主婦と生活社）という本を出したのですが、この撮影で初めて会いました。本の内容が決まり、写真家を探していた時、パッと頭に浮かんだのが、生活雑貨店Roundabout（ラウンダバウト）の小林和人さんの本、『あたらしい日用品』（マイナビ）の写真でした。陰影のある写真で、とても印象に残っていました。この写真家がいいと編集者に伝えました。編集者は「今までのようなレシピ本でなく、衣や住についても伝える、ある意味でプライベートまでを見せる本だから、よく一緒に仕事をしてきた人がいいのでは」と。私のことを理解している人がいいと思う、というのが編集者とデザイナーの意見でした。再度、候補を考えたのですが、どうも思い浮かびません。ここでも新しい人と仕事がしてみたいという気持ちがいちばんにあり、やはり、五十嵐（隆裕）に頼んでみたいと編集者に伝えました。

結局、デザイナーの渡部浩美さんが「知っているとか知らないとか、関係ないかもしれませんね」と言ってくれたことで、彼にオファーすることになりました。

この仕事が縁となって結婚することになったのですが、夫も、父や祖父以上に、私にはっぱをかけるのが上手な人です。

私は毎年、綱渡りな仕事人生だなと思いながら、二〇年近く料理家をしてきましたが、四〇歳を過ぎた頃から、自分はなんとなくこのままやっていけるのではないかと、根拠もなしに思い始めていたように思います。心配性ではあるけど、楽観的でもありますから。

ある時、夫に「これからどうするの？　次になにをするの？」と聞かれました。

へぇ？　なんで？　これからどうするって、どうもしませんよ、このままです。

と心の中で答えました。

「現状を維持しているだけでいいということは後退しているということだからね」とさらに続きます。

「このままでいいと思っている人が多いけれど、それはそのままじゃない。徐々に徐々に下がっていっているということなんだよ。新しいことをはじめてようやく維持ができる。ひとつ上に上がることで、いまを維持できるようになるっていうことに気がついたほうがいい……」

私の中にそういう考え方はありませんでしたから、衝撃でした。

いままでの自分の仕事は、雑誌が中心。四〇代後半から雑誌の仕事は減っていくと思います。料理家にも当然、世代交代というのがあります。

夫はフリーランスの写真家です。彼からすると、私は一〇年先を行って仕事をしています。

「二〇年築いてきたものがあるのだから、できることがたくさんあるのに、なんでやらないの？」そう言われました。いまからなにか新しくはじめる、なんて思ってもいないことでした。

料理教室をはじめる

料理教室は、二〇一五年の春にスタートしました。はじめるまでは人に教えることがどんなものなのか想像もつかず、自信もありませんでした。

教室は平日に一日、週末に一日、それぞれ午前午後。撮影の仕事もあるので、月をまたぎながら四週でひとつのテーマを開催します。

たとえばテーマを「春の和食」にしようと決めたら、おおよその料理の方向性と使う素材を全部リストにしてお知らせします。新玉ネギ、新ジャガ、グリーンピース……アレルギーのある方は、事前に知ってご自分で判断してもらうということもありますが、当日まで具体的なメニューの詳細はお知らせしていません。

五品のメニューに落とし込むまでは本当に考えて考えて、決定までに時間をかけます。前菜からデザートまで五品、つくって、食べるまでの約三時間。季節感は、私の料理にとって大事なことなので、旬の野菜が中心になります。

実際にメニューを決める作業をしてみると、雑誌のレシピ出しとはまったく違います。

五品の流れをつくらなくてはならないので、調理法や段取りも考えると、一品を決めるまでにも時間がかかります。生徒さんには、自分の味、家庭の味となっていくように、何度もつくりたいと思ってもらえるような料理を伝えたいので、つくりやすさも重要です。

でも新しい要素も入れたい、となります。ああでもないこうでもないと、考えます。雑誌ではどれをつくるかはある程度、読者にゆだねることになりますが、実際の料理教室では、そうはいきません。試作を繰り返し、何日も考えます。

いちばんはじめの教室は、「春には豆ごはんを炊く」、にしました。春にスタートしたのでやはり豆は素材として外せませんでした。春の和食をテーマに、ごはんは豆ごはんにしました。

おそらく、豆ごはんをつくる時に、お米と一緒にグリーンピースも入れて炊くと思いますが、違う方法をお伝えしました。まずは豆を塩ゆでにして、豆の茹で汁を冷まします。冷ましたゆで汁と昆布でごはんを炊くと、豆の味がごはんにしっかり移ります。

ゆでた豆はぬるま湯に浸しておくと、シワにならず、青々としています。

一緒に炊いたシワシワの豆も、それはそれでおいしいのですが、炊き上がったごはんにぷっくりした豆を合わせると、とてもきれいで上品な仕上がりになります。

和食の時もあれば、パンやパスタの生地をこねる時もあります。

生徒さんには見ているだけではなく、手を動かしてもらい、みんなで調理する要素も必ず取り入れています。

生徒さんたちは全国から来てくれています。二〇代と思われる方から、六〇代くらいまで、年齢層は幅広い。アメリカやイスラエルに住んでいて、帰国した際に来てくださる方もあるし、日本語が話せる韓国や中国の方もいらっしゃいます。料理に対して熱心な方だけではなくて、教室に参加して、おいしいものを食べたいという人もいます。教室で過ごす時間を大切に感じてくれている人もいます。看護師の仕事をしている方は、夜勤明けで来てくれて、仕事から完全に離れられてリフレッシュできる場だと言ってくださる。そんな時には、アトリエという場所をもってよかった、料理教室をしてよかったと思います。教室に来て、それがきっかけでスタッフになった人もいます。

料理教室は、この春で三年目に入ります。続けて通ってきてくれる生徒さんと顔なじみになってきて、私も緊張がほぐれてきました。はじめた頃は、こうでなくちゃいけないという思いで、段取りばかりを気にしていましたが、その時間を生徒さんと楽しもうという余裕を自分自身、もてるようになりました。グループレッスンはしていないので、毎回、メンバーは変わります。継続してきてくれている人もいつもメンバーが変わるので、少し緊張感のある雰囲気かもしれません。それくらいの感じが保たれているほうがいいなと思っています。三年目となると、それぞれの方の個性がみえてきて、私も少しツッコミも入れながら接しています。対面するおもしろさ、これは教室をしていなかったら知りえないことでした。

二〇一八年の二月から三月にかけてのメニューでは、初春の和食として、立春を過ぎて少しずつ春を感じるようになる、この時期につくってほしいものを考えました。冬の名残り、春の先取りという時期には温かいものもまだほしい、けれど軽やかさもほしい。季節が移り変わる時の食卓というのはいいものです。

五品、つくります。

青菜の湯葉巻き、蒸し寿司、新ジャガと鶏肉の茶葉煮、いり子のお吸いもの、柑橘とイチゴのマリネ。

湯葉巻きはプチヴェールとさやインゲンを巻きます。プチヴェールは芽キャベツとケールのかけ合わせで冬の終わりから春にかけて出てきます。板状の湯葉を広げてカレー醤油で味つけした二つの具材をのせて、海苔巻きのように巻いていきます。クルクルと巻く時に湯葉も巻き込んでいくと切った時に渦巻き模様になり、盛り付けるとおもてなしにも向く一品になります。

蒸し寿司は具材に錦糸卵、ゆでえび、油揚げ煮など基本的なものをつくりますが、これにも失敗しないコツ、おいしくするコツがいくつもあります。それをみんなで実際にやってみることもしますし、切り方にもきれいに切るコツがあります。変わったものをつくるばかりが教室ではなく、和食の基礎的なことも知ってもらえれば、これからずっと使えます。基本も大事にしたいとは常々、思うことです。

今回はえびの背わたの取り方や殻のむき方もきちんと覚えます。いつもなんとなくやっていることをそのままにせずに、基本を覚えると仕上がりもきれいになります。そういうことをひとつ、ひとつ、知ってもらえたらと、思っています。

えびの赤や錦糸卵の黄色、ユリ根の白に三つ葉の緑、春らしい色合いを最後に蒸してほかほかと温かなお寿司は、二月から三月がぴったりだなぁと思います。まだ寒さも感じる時期だからこそ、冷たいお寿司ではなく、温かなちらし寿司で春らしさも感じられます。この時のすし飯の酢の配合はふだんのちらし寿司と同じにはしません。蒸すことで酸味がとびますから、少し強めに酢を効かせます。

春だけではなく、秋の重陽の節句には菊の蒸し寿司もいいものです。その時はすし飯にほんの少しもち米を入れたいなと思います。それはなぜか？　と聞かれれば、そのほうがおいしいから。菊は、もち米の入ったすし飯のほうが馴染むな、という頭の中の味の発想からです。

和食で肉、魚のメインを考えるのはなかなかにむずかしく、塩焼き、照り焼きといった単純なものというわけにもいきません。ここがいつも悩ましいところです。以前は同じ時期に鰆《さわら》のかぶら蒸しをしました。

肉や魚だけでメインとするにはむずかしい時、和食ではとくにですが、旬の野菜の力を借ります。春野菜は豊富ですから、少しだけ先取りをして季節を楽しみます。そこで、新ジャガと鶏肉の茶葉煮を作りました。新ジャガは小ぶりで皮も薄いので、そのまま鶏肉と一緒に煮ます。昆布とみりんと醤油では、どこかおもしろくありません。でも、みりんと醤油は鶏肉にもジャガイモにもよく合います し、身近な調味料です。いろいろと調味料を揃えないとできない料理では家庭料理の域を越えてしまいます。そこで、昆布以外に出汁になるものはないかな？と考えるわけです。

思い出したのは、まだ小さかった頃、叔母がつくってくれた豚肉の紅茶煮なるもの。その衝撃といったらなかなかなものでしたが、食べてみると味はいたってふつう、ちょっと拍子抜けするくらいでした。それでも、豚肉がやわらかかったこと、油っこくなくスッキリしていたことは記憶に残っています。世間では当時、紅茶煮はちょっとしたブームのようでした。茶葉はごはんと炊いたり、えびと炒めたり、といろいろと使えます。茶葉でお肉を煮たら、みりんと醤油の味わいの甘ったるさやしょっぱさが軽減されてスッキリとしつつ、奥行きのある味わいになります。

また、ちらし寿司の時の汁ものは、はんぺんのお吸いものが母の定番でしたが、ここでも出汁を見直してみます。出汁を味わうものにしたいと思い、いり子を使うことにします。鰹出汁より輪郭のハッキリとした味わいになります。

お寿司に合うよう、生臭くならないように注意してスッキリとした出汁を目指します。出汁そのものを味わいたいので、具材というよりは吸い口の考え方がしっくりきます。まだ寒い時期ですから、ショウガを使います。ショウガは、繊維に沿ったきれいな千切り。ここが大事です。こうすると辛みが出すぎずショウガの風味が生きます。よく切れる包丁で丁寧に。菜の花の小口切りも少しだけ。ショウガの風味と菜の花のほろ苦さがいり子の出汁によく合います。季節を感じ、出汁の旨味が体をほぐしていくようなイメージです。

食後、口直しのデザートは柑橘をベースにします。品種も多く、せっかく日本の柑橘類がおいしい季節ですから、ここで使わないなんて。はっさく、甘夏、文旦、いよかん、このほかにもいろいろな種類の柑橘があります。好みのものと春を感じるイチゴを合わせてショウガとはちみつでマリネ。ここでもまだ少しだけ冬対策。マリネしてなじませたら、緑茶のシロップを注ぎます。緑茶にほんの少し、甘味をつけたものを冷やしておきます。

冬から春へ、季節が変わる時期を楽しめるように考えたメニューです。

教室をはじめて、私は自分の中でなにを伝えたいのかということが、明確になってきました。そして、直接話すことで生徒さんがどんなことが知りたいのかということもわかってきました。

レシピも、これが絶対だと思わないで、自分の味、家庭の味、家族が喜ぶ味を探していってくださいね、と伝えます。素材も、たとえば桃を使ったサラダなら、今度はパスタにも使ってみるといいですね、とか、季節が変わったらこの素材にするといいなど、ひとつのレシピから、なるべく多くのことを伝えたいと思っています。

夏の教室で青唐辛子を使ったのですが、なぜこの時期に青唐辛子がいいのか、その爽やかな辛みが、どんなものと合うのかなど話をすると、みなさん熱心にメモをとってくれます。

「頭の中で味を想像しながら料理をすると、いいですよ。楽しみながら、料理してくださいね」、そんなふうに話すようになりました。

「料理をする人は家族の健康を守っているわけですし、食べたもので日々の体調というものがつくられるのですから、自信を持ってつくってください」。そんなふうに私の料理に対する考え方も伝えるようにしています。

季節ごとには五品しか伝えられないので、これは来年に使おうと思う料理もありますが、次の年には、また違う新たに伝えたい料理が出てきます。食材も人も、一期一会のようなところがあるので、教室ではそれを楽しんでいます。

料理会

アトリエでは教室だけではなく、料理会ということもしています。ゲストを招いての食事会です。教室ではないのでエプロンをしてつくること、洗いものをすることはなく、みなさんにはその日は食べにきてもらうことがメインになります。とはいえ、ただ食べるだけではなく、魅力的な時間を過ごしてもらえるように、テーマをきめてゲストの方と一緒につくりあげていきます。

いままでにした料理会は、和菓子の茶寮をしている「菓子屋ここのつ」の溝口実穂さんと「ひとひらの皿」と題して四季を通して和食と和菓子の会をしました。照明を点けず、キャンドルだけの灯りにして、静寂をつくります。忙しく働いている日常から少しでも離れ、静かな時間を持つことでリラックスし、平穏を感じてもらえたらという思いです。

また、フラワースタイリストの平井かずみさんとはリースの会を。かずみさんの明るくユニークな話術と指導のもと、各々がリースをつくり、完成したリースを愛でながら、食事とデザートの時間。青々とした針葉樹やハーブを手にしながら無心でリースをつくっていると気持ちが落ち着いてくるようで、頭もスッキリとしていきます。

料理家と共作料理会などもしました。その場で材料やつくり方を伝えながら、メモを取ってもらったりして。料理教室とはまた違い、料理に対する考え方や料理の発想の仕方など、そんな話ができる場になっています。このほかにも、カカオの会や台湾茶会、横浜元町の人気のカフェ、Café de LENTO（カフェ・ド・レント）のオーナーを招いて、一日喫茶を開催しました。ゲストと話し合い、テーマを料理に落とし込む作業はいままでとは違い、楽しいところでもあります。企画をすることのおもしろさを知りました。

ショップをつくる

教室をはじめたのは二〇一五年。はじめるなら自宅ではなくて、きちんと場所をつくろうということになりました。そして東京・富ヶ谷に物件を見つけ、夫が代表となり会社組織にしました。

料理教室のためのアトリエ「FOOD FOR THOUGHT（フードフォーソート）」ができた瞬間に夫に「次はどうする？」と言われました。え⁉ 自分の中ではまだなにもはじまってもいないのに。

「場所ができて、スタートするんだから、もう次のこと考えないと！」

夫の中では毎年ひとつ、新しいことをはじめたいという目標があるようです。

じつは年にひとつでもペースが遅いようなのですが……。

そして、次の目標となったのがショップです。二〇一七年四月にオープンしました。夫の目論見からは一年、遅れることになりました。場所はアトリエと近く、同じ通り沿いです。

ショップもアトリエと同じ名前で「FOOD FOR THOUGHT」ですが、ご近所さんからはフードって書いてあるから、ここはなにか食べられるの？　と聞かれます。「FOOD FOR THOUGHT」という店名には、生活を豊かにするためのヒント、そういう場所になれば、という思いを込めています。

先日会ったスタイリストさんに、「なんか料理教室のアトリエつくったんだってね。有子さんらしい名前を付けたよね、フードフォータフだもんね」と言われて……。タフ？　いやあ、あまりに自信を持っておっしゃるので、否定もできずに「う、うん」とだけ返しました。私はそんなにタフなんでしょうかね。

アトリエとショップのデザインはWONDERWALL（ワンダーウォール）の片山正通さんに、ショップのロゴデザインは井上庸子さんに、お願いしました。ショップでは、日本的な要素を入れたいと思っていたので、漆喰でカウンターをつくりました。

お店といってもなんでも置く雑貨屋さんではなく、いままでの自分がしてきたことを生かせるように、生業としている食にまつわるもの、そこから派生したものにしていくと決めていました。

料理教室では生徒さんから、「この器の作家さんは？」「どこで買えますか？」と聞かれることがあります。古いものだったら、「どこで集めるのですか？」とも聞かれます。

自分が使っていいと思っているものや、料理に合わせたいと思うもの、器やグラス、道具類などを揃えて料理からは離れないよう、さらには食にまつわることを提案できる場所にしたいと思っています。

作家との仕事

いろいろやってみて、わかってきたことがあります。まず、作家さんの器を置くには、待つ時間が必要だということです。納品は半年後や一年後。タイムラグがあるのでその間、自分がほしいと思った情熱を持ち続けなくてはいけません。

いままでは、たとえば料理イベントだったらテーマと内容を決めて、すぐに動くことができる。雑誌の仕事も依頼が来たら、そのテーマにそって料理を考えて撮影をして、と自分が動けばすぐに形にできます。どちらかというと、瞬発的にガッとエネルギーを注ぐ仕事の仕方に慣れています。自分が動けば、仕事が前に進むわけです。でもお店は自分ではどうしようもない部分があります。待つしかないのです。もちろん、その積み重ねが少しずつ常にまわっていくことになるのですが、まだそのペースに慣れていません。

また、料理家の仕事とは少し違って、相手がいる仕事です。ふだんは依頼をされる側の私にとって、こちらからお願いして、自分の思いを伝えなければいけないことは、かなりのエネルギーが必要です。

お願いしている作家さんには、いつもつくっているものばかりではなく、「自由につくりたいものをつくってほしい」というオーダーをします。すると、「自分が思うようなものをつくって送るので、その中で気に入ったものを選んでください」と言ってくださる方もいます。また、「料理をしている側から、ほしい形、料理に合う形、そういうのを言ってください、そのほうがつくりがいがあります！」と熱意をもって取り組んでくださる方もいます。作家と料理家との必然的な関係性がうまれ、私も提案ができるように、器に向き合いたいと思っています。

試行錯誤してきましたが、やっとショップの初個展「ITO KAN 第一回陶展」を、二〇一八年一月二六日から二月三日まで、開くことができました。

伊藤環《かん》さんの予定と、店のタイミングがうまく合い、約半年かけて準備をしました。「FOOD FOR THOUGHTに合う作品をつくってみたい」と環さんはそう言ってくれて、白泥のもの、錆銀彩のもの、新作に加えて、FOOD FOR THOUGHT

モデルの作品も初披露してもらい、リムが広い皿をつくってもらいました。環さんの器の力強さは、男性にも女性にも好まれるので、うちの店に合っていたなと思います。初の個展を環さんにしていただいて、よかったなと思います。

はじめて個展を開催してみて、あらたな仕事がたくさんあることがわかりました。DMやポスターをつくるのは、夫の写真部門に全て任せています。ポスターをつくるアイデアは私の中にはありませんでしたが、これは良いアイデアでした。外から見えるところに大きく貼られていたら、印象に残ります。これからも続く個展のたびに制作するのであれば、FOOD FOR THOUGHT のポスターはいつもこういう感じだよね、と思ってもらえるようなものにしたいと思いました。

統一性というか、シリーズ性を持たせたいと。その時、浮かんだのが、日本民藝館のポスターでした。ウィンザーチェアだったり、スリップウェアの器だったり、その時々の展覧会の内容が一目でわかり、同時に民藝館の展覧会だとすぐにわかるデザインです。ポスターから民藝館らしさが漂います。うちの刷りものも書体などを統一して一目で、FOOD FOR THOUGHT のものだとわかるようにしようと思ったのです。

　環さんには料理を盛った器の写真を使ってほしいと言われていたのですが、最終的には、卵と塩をのせて撮影しました。料理を盛るのはわかりやすいのですが、それでは想像がそこでとまってしまいます。

　器の使い方は、それぞれの方に楽しんでほしい、想像してほしいという思いをのせました。

　会期後には料理教室の生徒さんが、伊藤環さんの器を手にしたことで、いつもの食事が贅沢な時間になっていると、伝えてくれました。お昼ごはんに、普段のおかずやお弁当を詰めた残りものでも、「環さんの器に盛るだけで気分があがって本当に豊かな気持ちになります」と。

　それを聞いて、お店をはじめた理由や目指していることは、こういうことだなぁと改めて思いました。

　扱っているものは作家のものですが、やはり日常の器でありたい。使ってこそですから、しまっておいてはもったいない。母は、普段使う器とお客様用と分けていて、お客様用は薄紙に包んで箱に大事にしまっていましたっけ。私は、その区別はせずに、いつでもどの器も使います。気に入ったものを大切に使い、そして、丁寧に扱うことも大事だと思います。

三〇代に、がんばって展覧会をまわっては器を見て、作家の方々と話し、購入して使っていました。いまようやく、そのことが、線となってつながり、生きてきているように感じます。一方的な受け手でしかなかったところから、こちらからも器の使い方を提案できるようになり、作家の方々とも形のやりとりができるようになってきました。作家の方は料理をする側からの提案にとても興味を示してくれて、よい器をつくろうと熱意を持ってくれます。

ギャラリーのオーナーが作家を育てるというようなことは私にはできないので、あくまでも料理家として関わりたいと思っています。新しい作家さんを探すというのも、もちろん必要ですが、ひとりの作家さんではなくて、たとえば「お菓子の時間」などテーマを決めて、そのシーンに合わせたものをいろいろな作家さんにつくってもらうとか、ゆくゆくはそんな企画展もしてみたいと考えています。

店で扱うものはどちらかといえばふだんの器に近いもので純粋に作品というものではないけれど、その人にとって大切だと思える器を扱いたい。作品と食器の間のようなものでしょうか。それと同じようにお店は、ギャラリーでもありながら、ショップであるので、ショップとギャラリーのよいところ、その立ち位置にいたいと思うのです。

オリジナルをつくる

料理に使う器は、料理を盛って完成するものがいいと思っています。迫力はあっても、形がシンプル、主張しすぎないものが理想形。それは、作家の器のほかに、古いものを選ぶ時の、自分の基準でもあります。新しいものも古いものも、自分の中では変わりがなく、同列です。

古いものは、もっぱらパリへ仕入れに行っています。観光客があまり行かない蚤の市。品物を選んで会場から宿泊先まで、電車やタクシーで運びます。そしてパッキングをして、手持ちでもって帰ってきています。いつも、もっとほしいものはあるのですが、手持ちなので、限界があります。仕入れは自分の眼だけで選びます。

一〇年ほど前にフランスの古いグラスを見つけて気に入り、その形から派生してオリジナルのグラスをつくりました。最近では、ワインにも、デザートにも使えるグラスをつくりました。作家ものに限らず、量産ものもつくっていきたいと思っています。またエプロンやクロスといった布ものもオリジナルで展開しています。

もうひとつ、大事な商品は自分たちでつくるものです。季節の果物のジャムや季節の野菜のピクルスなど瓶詰めもオリジナル商品として常にあるものにしようと決めています。これは自分たちが手を動かせば形にできますので、得意分野。

店にとって、なくてはならないものです。これまでのラインナップはハーブソースや柑橘のシロップ、ジンジャーシロップなど。たとえば、秋には、長野の有機リンゴをふんだんに使ったジャム三種、「Apple and Onion for Meat」「Apple and Lemon for Toast」「Apple and Ginger for Yogurt」などリンゴジャムを用途別に展開しました。

二〇一七年の秋からは、チョコレートやクッキーなどお菓子の販売もはじめました。二〇一八年のバレンタインデーはたいへんでした。ふだんからあるものと、バレンタインの時だけに用意したものがあり、数量限定というものにみなさん反応してくださって、チョコレートはつくってもつくっても、足りなくなり。スタッフとすべて手作業でつくるので、テンパリングするだけで腕はパンパン。ショップは駅から近いわけでもない住宅街の不便な場所。にもかかわらず、たくさんの方に来ていただきました。

ショップをはじめた頃、「ここでやっていけるの？」、「どうやってお家賃払っているの？」とご近所の方たちに心配されました。

最初は、作家さんに発注したものが届くのが待ち遠しくて、それが徐々に届くようになってきて、新たにお願いする人も増えたので、ようやく、まわってきた感じです。

ただ、新しいことを常にしていかなければならないと、思っています。ふーぅっと気を抜いてしまうわけにはいかないという思いがあります。店に専念できるといいのですが、なかなかそうもいきません。だから余計に、常に意識して、アンテナを張っておかなくてはいけないと、自分に言い聞かせています。

作家さんとのやりとりも、時間がないとできません。まぁいいか、なんていうことは通用しないのがショップ運営です。仕事はみなそうですけれど。ひとりで仕事をしていた頃は、今日はまぁいいか、と自分に甘くしていたこともありました。いまはスタッフもいれば、作家さん、取引先……常にやりとりが発生します。自分ひとりではできないことができる分、休んでいる暇はなくなりました。

お店は女性客が圧倒的に多いのですが、内装が黒い空間だからか、男性客がひとりで、なんていうこともあります。建築やインテリアを仕事にしている方がふらっと入ってこられることもしばしば。

月に数回はショップユニフォームを着て店番もします。一日ショップにいることで気がつくこと、見えてくることがあります。お店はものを売る場所ですが、料理教室と同じように、ものを介して、器を通して、交流ができる場所にしたい。まだまだ未完成の状態だと感じますが、ショップはこれからも変化し続けていくものだと思っています。

出張料理会

もうひとつの仕事の柱として、出張料理会があります。

地方で料理会をすることは、以前から少しずつしていました。はじめは石川県の金沢だったと思います。ガラス作家・辻和美さんのショップで、辻さんのガラスの器を使っての料理会。金沢へは何度か足を運んだ際に加賀野菜や魚などの素材を見聞きしていました。その土地ならではの素材で料理したいと思っていますが、食べに来る方はその土地の方がほとんどですから、いつも食べている素材を違った印象にしたいなと思うのです。こんな食べ方もあるのね、と言ってくださる方も多い中、東京のものが食べたかったわぁなんて言われたこともありましたっけ。

さて、加賀野菜、石川の魚、となれば近江町市場へ出かけます。料理会は素材を見ることからはじめます。おおよその季節のものは下調べもしていきますが、市場を巡ると、その時にしかないもの、はじめて目にするものもあります。気になるものを買って味を確かめ、数日前から試作や仕込みをします。料理会は一日か二日ですが準備を入れると四～五日は滞在することになります。

金沢での料理会からはじまり、地方で料理する楽しさを覚えました。新しい感覚で料理でき、ライブ感もあります。次に訪れたのは奈良。数年前と昨年と、奈良での料理会は二回目です。

秋篠《あきしの》の森とよばれる場所は住宅街にありながら、そこだけがまさに森のように木々が立ち、鳥がさえずる場所です。料理会でお客様をもてなす側の私までが、オーナーとスタッフに最高のおもてなしを受けてしまうところです。そんな環境の中、数日間、料理に没頭できるなんて夢のような時間です。旬の野菜を聞いておき、ある程度どんなものをつくろうか考えを巡らせます。秋の奈良での料理会だったため、大和真菜《やまとまな》や、筒井れんこん、宇陀金《うだきん》ごぼうといった大和野菜を中心に、デザートは吉野柿をつかいました。

料理の説明をしながらお客様と交流できるのは、なによりうれしいこと。前回の料理会で同じテーブルになったことがきっかけで交流がはじまり、住む地域が違っても頻繁に会って、今回も一緒に参加してくれたという方たちもいました。こうして料理会を開くと、つながっているものがあり、感慨深く感じました。奈良の秋篠の森は変わらずにずっとそこにあるものとして、来る人たちを出迎え、心地よさをもたらし続けています。それは、簡単なことではないはず。オーナーやスタッフが変わらずにもてなしてくれる温かさもまた、しかり。私も自分のアトリエで、自分の料理で、来てくれる方たちを温かく迎えて、変わらずにそこにあるものとして、続けていけたらいいなと思います。

台湾での料理会は海外初ということもあり、いろいろな緊張感がありました。食材の調達からはじまる準備もそうですが、なんといっても台湾や上海からのお客様がどんな味をおいしいと思うのか、ということから考えなくてはいけません。自分の料理をすればいいんだと思っていても、たとえば塩味をどれくらいの味として捉えるのか、また、旨味をどこに感じるのかなど、味のベースという基準となるものがわからないのですから、どこを目指せばいいのか不安が生まれます。濃い、薄いということではない味の基準。個々の味覚の違いということではない、見えないハードルを感じました。私の料理はこれです、と出すだけでいいの？という疑問。

市場へ行くと素材も、見たことのない、ありとあらゆる葉野菜の種類の多さ。日本にあるものでも味わいが違ったり、火を入れると苦味が出たり、葉野菜ひとつとっても奥が深い。数日しかない準備期間はずっと試行錯誤の時間でした。でも、日本で前もって料理を決めていくのでは、おもしろくありませんから、現地で頭をフル稼働させて、見て、食べて、聞いての繰り返しです。調味料はもっと奥が深いので使いこなせるようになるには回数を重ねていくしかありません。

料理会は無事に終わり、ひとりずつ感想を言ってくれるのですが、熱い思いを語ってくれる方や歌ってくれる方もいて、スタッフもお客様も会場の全員が涙するという感動の料理会になりました。

出張料理会はその土地の風土や素材を知ることになり、新しい発見ももたらしてくれて、料理をし、食すというシンプルなことを直に感じることができます。臨場感もあり、高揚感もあり、いつもどこか清々しさを感じます。これからも、出張料理会は続けていきたいと思っています。

学ぶということ

毎年ひとつ新しいことをはじめることを目標にしています。料理教室をはじめて、二年後にショップを開いて、アウトプットでは、一年間あいてしまいましたが、二〇一六年には製菓学校に通いました。これも私の中で新しいことのひとつです。しかもだいぶ大きなことでした。

独立して、かけ出しの頃はおやつのテーマも仕事として受けていました。おやつの本も出版したことがあります。

その後、だんだんとお菓子研究家と料理家との棲み分けがはっきりとできてきて、撮影の依頼があっても、お菓子のテーマは断わってきました。

アトリエでの料理会では、台湾や中国茶のお茶会や、チョコレート技師の方を招いてのカカオの会など、料理とデザートをコースで出します。いろいろとはじめてみると、お菓子は避けて通ることができないという思いに至ります。

お菓子のレシピを増やしていくことはできますが、それではいけないと感じていました。見よう見まねで続けても、すぐに行き詰まってしまうのは目に見えています。自分の中でお菓子に対して苦手意識がずっと、つきまとっていました。

またしても、夫に言われます。

「学校へ行ってみれば？　人から教えてもらうということに、頭が凝り固まらないうちに行ったほうがいいよ。いまならまだやわらかい頭があるはず」と。

苦手意識を克服するためにも、思いきって踏み出してみよう。興味のあることを広げていくことは楽しいことですが、苦手なこと、逃げていたことにも近づいてみると、もしかしたら大きな発見や知る喜びがあるのではないかと思ったわけです。

やるからには、しっかり学びたい。お菓子教室でレシピを知りたいわけではなかったので理論が学べる製菓学校に通うことにしました。料理とお菓子は一緒と思うかもしれませんが、これはまったくもって違います。料理家なのに、お菓子を習うの？　と思うかもしれません。でも私はお菓子を学んだことがないので、知らないことがたくさんあります。

学校はなかなか厳しいところでした。一日の中で講義と実習の時間に分かれています。

シェフがお菓子をつくりながらポイントなどを言ってくれるのですが、レシピには材料だけが書かれているので作り方はノートを必死でとります。

そして、翌週に講義で教わったお菓子を自分でつくります。実習では先生は一切、「次は卵を割ります」とか「砂糖混ぜてくださいね」とか、そのようなことは一切、言いません。「状態はこれでいいですか？」などと質問をすれば、もちろん答えてくれますが、基本的には黙ってみています。講義でノートをとって、理解したことを文字通り、実習する場でした。焦る必要はないはずなのですが、みんながライバルというような雰囲気で、ある種の緊張感がありました。

制限時間内につくり終わらなければならず、毎回、評価を受けます。

進級する前には筆記試験も実技試験もあります。

基礎ではバタークリームやシューを勉強します。中級になるとフィユタージュやオペラなど伝統菓子やマカロンなどコンフィズリーとよばれる小さな砂糖菓子をつくります。最終クラスはチョコレートと飴細工、ホールのケーキが中心になります。

学校のカリキュラムに沿って、最後の卒業制作にも臨みます。クラスメイトもどんどん減っていく中で一年半、どうにか欠席せずに通いました。苦手な部分を克服できたかというと、苦手な部分が浮き彫りになり、自分のことがよくわかったという感じ。しかし、見ようともしなかったことで、知らなかったことをたくさん知ることができ、楽しさを覚えました。なにかを学ぶということが実に新鮮で、学ぶことはいつまでも続けていきたいと思いました。知らなかったことを知る喜びは、いまだからこそ感じるのかもしれません。

小さなことでもなにかひとつ、新しいことをはじめてみる。いままで知らなかったことに挑戦してみたい、そう思うようになりました。

あとがき

　これまで先のことはあまり考えずに生きてきました。料理家の仕事も、ダメだったら、しがみつくのはやめよう、とそう思ってきました。なにせ、「向いてない」と言われてのスタートですから。

　一方で、若いときから、年末はいつも不安に囚われていました。来年は大丈夫かな、仕事がくるかなと、気持ちが落ちていきます。

「また、はじまったよ……」と両親には呆れられていましたっけ。

　そしていつも高熱を出して、その年を締めくくっていました。よほど、常に緊張していたのだと思います。

料理家としての仕事も、ショップのディレクションも、どちらが本業でどちらが副業ということはありません。食という軸があって派生したものなので、枝分かれしているのではなく、輪が大きくなったという感覚です。その輪が縮小するときがくるかもしれないし、もっと広がることもあるかもしれません。

飽きっぽい性格なのに、よく同じ仕事をずっと続けてきたなぁと、思うことがあります。仕事については、向いていないと思ったら別のことを探してみてもいいと思っています。やってみなくてはわからないことはたくさんあっていまのものだけが絶対と思ってしまうのも、もったいないと思うからです。

がんばって、ふんばってダメだったら撤退もあり、そんなふうに思っています。

料理教室をすることも、ショップをはじめることも不安でしたが、はじめてみると、やってみて得られることや、感じられることが、たくさんありました。

やるか、やらないかで迷ったら、間違いなく、まずはやってみたほうがいい。

料理家でなければ、料理ができないわけではありませんから、どういう関わり方をしていくか、今後はむしろ、変わっていくだろうとも想像をしていますが、

「食」ということから離れることはないと思います。

私は、歳をとることは、いやではありません。ただ体はガタがくるでしょうし、体力は落ちる一方なのだろうと思います。

かつて中学、高校はバスケット部のキャプテン（和光なので軟弱なチームですけれどね）、水泳のコーチもして、遠泳もしていましたから体力はあると自負してきましたが、やはり歳にはかなわないなと思うことも出てきました。

体形もだいぶ母親に似てきて「うしろ姿がそっくりだよ」なんて言われてガッカリ……。

でも、これからはじめられること、まだできることがある、そう思えるようになりました。せっかく製菓を学んだので、もう少し歳を重ねたら、ピッとアイロンの効いた真っ白いコットンエプロンをして、ショートケーキなど端正なケーキを作り、紅茶だけを供するような店を出せたら楽しいだろうなと妄想しています。

そろそろ、ゆっくり生活がしたい、なんて言おうものなら、「なに言っているの、これからもっともっと、今まで以上に働きますよ」と夫には言われそうですが、こう言ってもらっているのもモチベーションが保たれていいのかもしれないな、と前向きに捉えています。

何か課題を与えられて、それを乗り越えるために考えること、動くことが好きなのだと、ようやく自分のことがわかってきました。

時間はありますが、有限です。でも、まだ自分にはできることがあると最近、そんなふうに思っています。

この本の出版には、数年という長い道のりがありました。というのも、ただ、私が書けなかっただけなので長く温かく、見守ってくれた方たちがいたということです。「自分のことを書いてみたら?」と企画をしてくれた旧友の母上、平野公子さん。そのときに私が唯一、希望したことは「装丁は平野甲賀さんにお願いしたい」ということでした。それが叶ったことは、本当にうれしいです。

温かく優しく見守り続けてくれた晶文社の足立恵美さん、斉藤典貴さん、イラストを描いてくれた木村さくらさん。そして、本文中に登場していただいたすべてのみなさま、さらに料理半生ともいえるこの本を手にとってくださった読者の方々へ。

お礼、申し上げます。ありがとうございました。

二〇一八年　春

渡辺有子

著者について

渡辺有子（わたなべ・ゆうこ）

一九七〇年東京生まれ。料理家。書籍や雑誌、広告などを中心に活躍中。季節の素材を生かしたシンプルで滋味深い料理に定評がある。二〇一五年、料理教室FOOD FOR THOUGHT（フードフォーソート）を始め、二〇一七年、自らがディレクションする同名のショップをオープンした。

著書に『すっきり、ていねいに暮らすこと』（PHP研究所）、『365日。』（主婦と生活社）、『「献立」と「段取り」』（マイナビ）、『サンドイッチの時間』（マガジンハウス）など多数がある。

料理《りょうり》と私《わたし》

二〇一八年五月三〇日初版

著者　渡辺有子

発行者　株式会社晶文社

東京都千代田区神田神保町一—一一　〒一〇一—〇〇五一

電話（〇三）三五一八—四九四〇（代表）・四九四二（編集）

URL http://www.shobunsha.co.jp

印刷・製本　中央精版印刷株式会社

ISBN978-4-7949-6986-6　Printed in Japan